Aprajita Srivastava

# Środki masowego przekazu i technologie informacyjno-komunikacyjne

Aprajita Srivastava

# Środki masowego przekazu i technologie informacyjno-komunikacyjne

dla rolnictwa Rozszerzenie

Wydawnictwo Bezkresy Wiedzy

**Imprint**
Any brand names and product names mentioned in this book are subject to trademark, brand or patent protection and are trademarks or registered trademarks of their respective holders. The use of brand names, product names, common names, trade names, product descriptions etc. even without a particular marking in this work is in no way to be construed to mean that such names may be regarded as unrestricted in respect of trademark and brand protection legislation and could thus be used by anyone.

Cover image: www.ingimage.com

This book is a translation from the original published under ISBN 978-613-9-84209-4.

Publisher:
Wydawnictwo Bezkresy Wiedzy
is a trademark of
Dodo Books Indian Ocean Ltd., member of the OmniScriptum S.R.L Publishing group
str. A.Russo 15, of. 61, Chisinau-2068, Republic of Moldova Europe
Printed at: see last page
**ISBN: 978-620-0-81831-7**

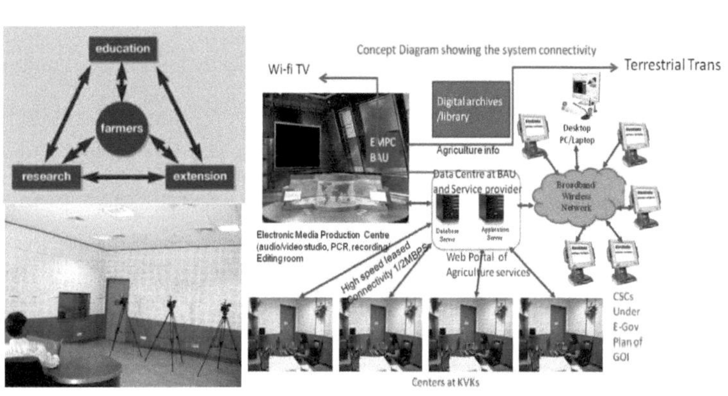


Aprajita Srivastava

# Przedmowa

Liczba ludności na świecie rośnie w szybkim tempie. Liczba ludności wzrosła z 1,8 mld w 1915 r. do 7,5 mld w 2017 r., co oznacza czterokrotny wzrost liczby ludności w ciągu stulecia. Ludność świata, zgodnie z dokumentem World Population Data Sheet 2017 opublikowanym przez Population Reference Bureau (PRB), wzrośnie o 31 procent z szacowanych obecnie 7,5 miliarda do 9,8 miliarda w 2050 roku. Popyt na żywność w tym okresie ma wzrosnąć o 59% do 98%. Jeśli przyjrzymy się obecnemu scenariuszowi, 1,45 miliarda ludzi jest wielowymiarowo biednych, zgodnie z globalnym Wielowymiarowym Wskaźnikiem Ubóstwa (MPI) z 2017 roku, który podaje szacunkowe dane dotyczące ubóstwa i jego składu dla 103 krajów na całym świecie, czterdzieści osiem procent ludzi biednych mieszka w Azji Południowej, a 36 procent w Afryce Subsaharyjskiej. Szacuje się, że 706 milionów ubogich ludzi to osoby ubogie, które doświadczają skrajnego ubóstwa i poważnego niedożywienia.

Rolnicy na całym świecie, a w szczególności w krajach rozwijających się, muszą zwiększyć produkcję roślinną, aby sprostać obecnemu brakowi dostępności żywności i dalszemu wzrostowi popytu na żywność do 2050 r. Muszą oni zwiększyć wydajność istniejących gruntów rolnych poprzez podjęcie szeregu działań, takich jak stosowanie ulepszonych metod nawożenia i irygacji oraz przyjęcie metod takich jak rolnictwo precyzyjne. Inne ważne czynniki, takie jak zaawansowana logistyka, transport, magazynowanie i przetwarzanie, powinny być traktowane z należytą uwagą, aby zapewnić dostępność żywności na pożądanych obszarach geograficznych po przystępnych cenach. Agenda Zrównoważonego Rozwoju 2030 (SDG) ma na celu położenie kresu ubóstwu i głodowi na naszej planecie w ciągu najbliższych 15 lat. Agenda 2030 ma również na celu kontrolę zmian klimatu i utrzymanie zasobów naturalnych planety, w tym żywności i rolnictwa. Można to osiągnąć poprzez właściwe wykorzystanie technologii informacyjno-komunikacyjnych i środków masowego przekazu w celu kształcenia i szkolenia rolników, którzy są w większości niewykształceni i nieświadomi.

Książka ta opisuje badania prowadzone przy użyciu środków masowego przekazu i technologii informacyjno-komunikacyjnych w zakresie upowszechniania wiedzy rolniczej wśród rolników w ich własnym języku, w celu edukowania ich w zakresie zwiększania produkcji żywności i zwierząt gospodarskich oraz sprzedawania ich z zyskiem. Tematyka ta obejmowała technologię rolniczą, agronomię, ogrodnictwo, hodowlę zwierząt, klimatologię, zarządzanie chorobami roślin, zarządzanie po zbiorach, magazynowanie, transport, sprzedaż i marketing, bankowość i finanse, ostrzeganie przed powodzią/cyklonem itp. Rolnicy mieszkający na odległych obszarach krajów rozwijających się są na ogół mniej wykształceni, mają niewielką znajomość obsługi komputera, ale potrzebują dostępu do rolnictwa i technologii pokrewnych w celu zwiększenia produkcji żywności, wydajności warzyw i owoców, produkcji zwierzęcej. Potrzebują oni informacji na temat większej różnorodności materiału siewnego, nawozów i rynku sprzedaży produktów. Książka przedstawia model wykorzystania technologii w celu zapewnienia rolnikom mieszkającym na obszarach wiejskich informacji od momentu podjęcia decyzji o uprawie do sprzedaży produktów na rynku hurtowym z rozsądnym zyskiem. Edukacja i szkolenia wideo prowadzone przez naukowców lub demonstrantów okazały się bardzo skuteczne w pomaganiu rolnikom w stosowaniu nowych praktyk rolniczych. Informacje zwrotne od rolników pokazują, że oglądanie praktyki na wideo przy jednoczesnym informowaniu o niej przez demonstranta poprawia skuteczność wideo w motywowaniu rolników do stosowania nowych metod. The książka kończyć z polowy próba podejmować w Bihar (India) i analizować the przyjęcie the technologia i korzyść narastać the rolnik use ICT w rozciąganie. Badania dowodzą dalej, że rolnicy są skłonni do przyjęcia technologii ICT. The on być na the Rząd i the naukowiec the wiedza utrzymywać w świetle ich ograniczenie.

Książka jest podzielona na pięć rozdziałów. Rozdział 1 egzamininować the scenariusz rolnictwo produkcja w rozwijający się kraj the świat i szczególnie Bihar, Stan India.

Rozdział 2, dyskutować the use ICT dla rozszerzenie i szkolenie. To zapewniać brief system projekt, różnorodny składnik, realizacja i operacjonalizacja. W rozdziale 3 opisano analizę wpływu systemu. W rozdziale 4 krótko wspomina się o powstających technologiach, a następnie o rozdziale 5, który zawiera wnioski. Książka zawiera odnośniki i załączniki.

Na koniec przekazuję serdeczne podziękowania wszystkim członkom zespołu, którzy pracowali nad projektem, aby zakończyć go sukcesem. Jestem pewien, że książka będzie w stanie rozpocząć nowe myślenie, które umożliwi osiągnięcie SDG.

## DEDYKACJA

Ta książka jest poświęcona z miłością i poświęceniem moim rodzicom, dr Chandrze Rashmi Srivastavie i dr H. O. Srivastavie. Przekazuję również moją wdzięczność World Development Foundation, New Delhi & RKVY, rząd Indii, który wykonał i sfinansował ten program i dał mi możliwość kierowania zespołem badawczym i wdrożeniowym. Szczególne podziękowania kieruję do kolegów, pracowników i innych współpracowników, którzy niestrudzenie pracowali i wspierali mnie w realizacji tego projektu. Pozwolę sobie zacytować Hooda,

"Nie lekceważ **mocy swojej wizji,** by zmienić świat". Niezależnie od tego, czy świat ten jest twoim biurem, twoją społecznością, przemysłem, czy też globalnym ruchem, musisz mieć podstawowe przekonanie, że to, co wnosisz, może fundamentalnie zmienić paradygmat lub sposób myślenia o problemach".

---Leroy Hood

# SPIS TREŚCI

Nr rozdziału Szczegóły Numer strony.

# Rozdział 1

# Rola rolnictwa

## 1.1 Wprowadzenie

Agenda Zrównoważonego Rozwoju 2030 (SDG), to nowy święty Graal, który stawia przed społecznością międzynarodową trudne zadanie podjęcia krajowych planów rozwoju w celu położenia kresu ubóstwu w "całej jego formie z planety" w ciągu najbliższych 15 lat. Obejmują one walkę z ubóstwem i głodem poprzez zwiększenie produkcji żywności i rolnictwa, reagowanie na zmiany klimatyczne i utrzymanie zasobów naturalnych planety. Jest to wysokie zadanie w świetle obecnego scenariusza globalnego. Liczba ludności na świecie wzrośnie o 31% z obecnych 7,5 mld do 9,8 mld w 2050 r.[1]. Nawet dziś 1,45 miliarda ludzi żyjących w 103 krajach jest biednych; 706 milionów żyje w skrajnym ubóstwie i cierpi z powodu poważnego ubóstwa. Ubóstwo dzieci na świecie jest uderzająco wysokie. Spośród 1,45 miliarda biednych i głodnych ludzi 48% to dzieci. 689 milionów dzieci, które żyją w ubóstwie i cierpią z powodu głodu i niedożywienia. Według Organizacji Narodów Zjednoczonych ds. Wyżywienia i Rolnictwa (FAO), liczba osób głodujących i niedożywionych rośnie po raz pierwszy od ponad dekady. "20 milionów ludzi jest bezpośrednio zagrożonych śmiercią głodową; Jemen 10 milionów, Nigeria (północny wschód) 4-6 milionów, Sudan Południowy 4-6 milionów, a Somalia 2-4 miliony" [2]. Ponadto 18 krajów cierpi z powodu wysokiego stopnia braku bezpieczeństwa żywnościowego.

Produkcja żywności i zwierząt gospodarskich nie jest w stanie utrzymać nawet obecnej populacji. Wzrost liczby ludności o 30 % do 2050 r. jeszcze bardziej obciąży wielkość produkcji przeznaczonej do spożycia przez ludzi. Przyczyny głodu i braku bezpieczeństwa żywnościowego są wielorakie. Rolnicy są niewykształceni i uzależnieni od tradycyjnych mitów i metod przewidywania pory roku. Są pozbawieni korzyści płynących z nowoczesnych badań prowadzonych na uniwersytetach i w instytucjach badawczych. Niepowodzenia instytucji, zwłaszcza politycznych i ekonomicznych, złe zarządzanie, upadające państwa, korupcja i dysfunkcjonalne rynki, zyskowne zachowania mężczyzn średniego szczebla, brak finansów u rolników to inne kluczowe czynniki.

Rolnictwo jest głównym źródłem utrzymania, dochodów i zatrudnienia w krajach rozwijających się. Ludność zależna od rolnictwa w tych krajach wynosi od 50 do 90%, z czego znaczna część 70 - 95% to drobni rolnicy [3]. Rolnicy w tych krajach stoją przed podwójnym wyzwaniem: jednym z nich jest zwiększenie wzrostu rolnictwa poprzez przyjęcie nowszych technologii rolniczych, a drugim uzyskanie rozsądnej ceny za swoje produkty. Zapewnienie środków produkcji, takich jak pestycydy, nawozy i nasiona "wysokiej technologii", stwarza szczególne problemy i zagrożenia dla ubogich rolników i muszą oni pożyczać od kredytodawców, aby dokonać zakupów. Rolnicy i konsumenci końcowi są powiązani z długim łańcuchem wartości, w którym uczestniczy kilka zainteresowanych stron. Odległość ta zwiększa się z powodu złego marketingu rolnego i zachowań poszukujących zysku wśród średnich podmiotów zaangażowanych w ten łańcuch. Nieefektywna produkcja rolna i marketing odzwierciedlają słabe rozpowszechnienie technologii rolniczych w tych krajach. Chociaż doskonałe badania są prowadzone w instytutach rolniczych, na uniwersytetach rolniczych i w ośrodkach badawczych finansowanych przez rząd, to jednak ich rozpowszechnianie nadal nie jest zadowalające i większość prac badawczych jest przechowywana tylko w bibliotekach i nie dociera z laboratorium do ziemi. Ponadto brakuje możliwości dotarcia przez rolników do rynku poprzez wydajną sieć technologii informacyjno-komunikacyjnych (ICT), która zwiększa siłę przetargową rolników i daje im szansę na interakcję z przedsiębiorcami i agencjami rządowymi. Jest to ważniejsze na obszarach wiejskich, gdzie rolnicy nie są w stanie uzyskać rozsądnej ceny za swoje produkty.

## 1.2 Rolnictwo w Indiach

Rolnictwo, wraz ze swoimi sektorami sprzymierzonymi, jest największym źródłem utrzymania w rozległych, wiejskich Indiach [4]. Rolnictwo właściwe i hodowlane, Leśnictwo i pozyskiwanie drewna, Rybołówstwo i związane z nim działania stanowią

17,9% produktu krajowego brutto (PKB) i stanowią 366,92 mld dolarów zasobów krajowych [5]. Indie dysponują dużymi obszarami bogatych żyznych gruntów, obfitymi surowcami w postaci zasobów naturalnych, zróżnicowanymi warunkami klimatycznymi i dużą młodą siłą roboczą. Jednak indyjscy rolnicy nadal należą do najbiedniejszych na świecie ze względu na różne czynniki, takie jak brak wykorzystania zaawansowanych metod naukowych w rolnictwie, niedostępność nowoczesnych maszyn dla rolników, brak wody i elektryczności na wsi, brak odpowiednich magazynów, nieświadome decyzje podejmowane na różnych etapach uprawy przez rolników, prowadzące do niskich plonów i braku wsparcia finansowego. Przeciętna indyjska rodzina rolnicza pracuje 80 godzin tygodniowo i zarabia około 3000 dolarów w ciągu roku. Jego żona i dzieci pracują z nim w polu [6]. Ponad 65% ziemi uprawnej w Indiach składa się z marginalnych i małych gospodarstw o powierzchni mniejszej niż jeden hektar. Rolnicy w całym kraju bardziej polegają na praktykach nauczonych przez przodków i podejmują różne decyzje w oparciu o mity. Nadal są uzależnieni od boga deszczu w zakresie wody, a politycy w zakresie ustalania opłacalnych cen lub umarzania kredytów. Ustawa rządu Indii o dopłatach do żywności wzrosła z 3,85 miliarda dolarów w latach 1990-1991 do 26,72 miliardów dolarów w latach 2001-2002 do 36,15 miliardów dolarów w 2016. Indie są domem dla 190,7 miliona głodujących ludzi, głównie na obszarach wiejskich, co stanowi 14,5% ich całkowitej populacji. 38.4% dzieci poniżej piątego roku życia w Indiach są zahamowane (długoterminowa deprywacja żywieniowa, która może mieć wpływ na rozwój psychiczny), podczas gdy 51.4% kobiet w wieku rozrodczym są anemiczne [7]. Zrównoważone rolnictwo jest niezbędne dla holistycznego rozwoju obszarów wiejskich i rozwiązania problemu niedożywienia i głodu w kraju. Wiąże się to z opłacalnym i sprawiedliwym zatrudnieniem na wsi, bezpieczeństwem żywnościowym oraz wykorzystaniem technologii zrównoważonych ekologicznie, takich jak ochrona gleby, zrównoważone zarządzanie zasobami naturalnymi i ochrona różnorodności biologicznej. Dochody z rolnictwa wzrosłyby, gdyby Indie mogły zwiększyć swoją penetrację ICT. Uruchomienie krajowego rynku rolnego (e-NAM) jest krokiem we właściwym kierunku. Przepaść cyfrowa zmniejszy się również wraz z pomyślną i skuteczną realizacją projektów takich jak krajowy plan eGovernance, krajowa sieć światłowodowa, krajowa sieć wiedzy, miasta cyfrowe itp., które zapewnią łączność wi-fi i internet po przystępnych cenach. które zapewnią łączność wi-fi i internetową po przystępnych cenach. Jednak w przypadku braku odpowiednich treści z różnych regionów w zrozumiałych dla nich językach, cały potencjał sieci szerokopasmowych pozostanie niewykorzystany. Rolnicy muszą uzyskać odpowiednie informacje, w odpowiednim czasie, w swoim języku i na urządzeniu, które będzie im łatwo dostępne. Rosnąca penetracja łączy szerokopasmowych, eksplozja telefonii komórkowej w Indiach i rosnące zapotrzebowanie rolników na treści w dowolnym miejscu i czasie, na dowolnym urządzeniu, powoduje ogromne pilne zapotrzebowanie na odpowiednie treści w formacie cyfrowym, które pomogą w integracji cyfrowej i wzmocnieniu pozycji rolników w celu wyeliminowania ubóstwa i zwiększenia ich dochodów. Cyfryzacja sektora rolnego odgrywa znaczącą rolę w zwiększaniu produkcji rolnej, świadomym wprowadzaniu do obrotu, zwiększaniu możliwości zatrudnienia, a tym samym poprawie standardu życia w sektorze rolnym oraz ograniczaniu ryzyka i niepewności, z jakimi borykają się obecnie indyjscy rolnicy.

## 1.3 Stan Bihar

Bihar lokalizować w the wschodni część India (między 83°-30' 88°-00' długość geograficzna). Ono być całkowicie lądowy stan, chociaż the ujście the morze przez the port Kolkata być właśnie wokoło 500 km odległy. Bihar oprawiać the wilgotny Zachodni Bengal w the wschód, sub wilgotny Uttar Pradesh w the zachód, Nepal w the północ i Jharkhand w the południe. Jego położenie zapewniać ono z przejściowy pozycja w odniesieniu do klimat, gospodarka i kultura. Rzeka Ganga dzielić Bihar równina w dwa nierówny. Bihar być the 12th wielki stan India pod względem geograficzny rozmiar przy 98,940 sq. km i 3. wielki populacja. Ono mieć 58% swój populacja poniżej the wiek 25 che być the wysoki proporcja w India. Bihar mieć 6,764.14 km² 6,8% swój geograficzny obszar jako leśny obszar. Hindi i Urdu być the oficjalny język the stan, podczas gdy wiele ludzie mówić Angika, Bhojpuri, Magadhi, Maithili i Bajjika.

Bihar być wysoce zależny od rolnictwo z swój 77% siła robocza rozmieszczać w rolnictwo, przyczyniać się 24.84% Stan produkt krajowy [8]. The Stan mieć płodny Gangetyczny aluwialny gleba i obfity woda zasoby, szczególnie gruntowy woda zasoby [9]. Równinna żyzna ziemia leży między podgórzem Himalajów na północy a kilkoma milami na południe od rzeki Ganges, która przepływa przez państwo z zachodu na wschód. Stan posiada bogate grunty uprawne i bujne sady, na których uprawia się Paddy, Wheat, soczewicę, Sugarcane, jutę (konopie, związane z rośliną marihuany, ale będące źródłem twardych włókien i "worków z bronią"). jako główne uprawy. Mango, banan, gujawa i litchis są głównymi owocami. Jest to jeden z niewielu obszarów poza Chinami, który produkuje litchi. Rząd Bihar inicjować różnorodny innowacyjny rolniczy rozwój program jak Mukhyamantri Triv Beej Vistar Yojna (Główny Minister szybki ziarno dystrybucyjny plan)/ Vyagyanik Kisan Ke karzeł (Naukowiec przy Drzwi Farmer) i mianowanie jeden Krishi Salahkar (rolniczy doradca) w stan 8 463 wiejski rada zapewniać rolniczy rozszerzenie usługa dla szybki wzrost w ten sektor. Jednak produkcja głównych upraw, takich jak ryż i pszenica, pozostała poniżej celu, przy jedynie marginalnie wyższej produkcji kukurydzy (2011-12), pomimo doskonałych prac badawczych podjętych na dwóch uniwersytetach rolniczych i trzydziestu ośmiu Krishi Vigyan Kendras- KVKs (Centra Nauk Rolniczych) w stanie [10]. Analiza SWOT raportów rzĈdu paĔstwowego, "sáuĪby rozszerzenia w zakresie budowania ĞwiadomoĞci o nowych technologiach, przeprowadzania demonstracji terenowych, prowadzenia programów szkoleniowych i przekazywania najnowszych informacji rolnikom są bardzo sáabe" [8]. Dochód per capita osób w stanie wynosi 148 dolarów rocznie, podczas gdy średni krajowy dochód per capita wynosi 997 dolarów rocznie. Podobnie, 30,6% ludności stanu żyje poniżej granicy ubóstwa, podczas gdy średnia indyjska wynosi 22,15%. The gospodarka, nowatorski pomysł masowy środek masowego przekazu i teleinformatyka dla rozszerzenie usługa pojąć World Development Foundation i wdrażać z the pomoc Bihar Rolniczy Uniwersytet pod Rashtriya Krishi Vigyan yojana (Krajowy rolniczy plan rozwoju -RKVY) [11] program rząd India. The stan wybierać dla the próba the nowy ICT opierać się system rozszerzenie z powodu następujący korzyść.

- Gleba jest lekka, głęboka, gliniasta i o dużej zawartości materii organicznej, aluwium - pochodzące głównie z khaddaru (ostatnio aluwium) i wieszaka (stare aluwium). W wielu miejscach gleba nadaje się bardzo dobrze do intensywnej uprawy.
- Stan ten otrzymuje dobry poziom deszczu, a poziom wód gruntowych jest wysoki i jako taki ma wysoki potencjał nawadniania.
- W regionie panuje dobry klimat. Stan ma trzy główne pory roku - od kwietnia do czerwca jest gorące lato, lipiec-październik jest gorący i wilgotny pora deszczowa, a listopad-marzec jest chłodną i suchą zimą Okres wegetacyjny wynosi od 180-210 dni w roku. Dwie uprawy są powszechne, ale z nawadnianiem, trzecia może być również podjęta w lecie.
- Opady w tym regionie są znaczne i wahają się w granicach 1 050-1 300 mm.
- Najbardziej dominujący jest system upraw ryżowo-cieplarnianych. Średnia produkcja ryżu w tym kraju wynosi 1 900-2 100 kg/ha, a pszenicy 2 740-2 770 kg/ha. Jednakże, zgodnie z przewidywaniami Konsorcjum Producentów Ciepła Ryżowego, przy dobrym zarządzaniu ma ono potencjał do uzyskania ponad dwukrotnie większych plonów niż obecnie.
- Państwo może podjąć starania, aby produkować wysokiej jakości materiał siewny upraw polowych, owoców i warzyw. Dostępność tych wysokiej jakości nasion dla rolników może zwiększyć plony 2-3 razy.
- Państwo posiada dwa uniwersytety rolnicze i wiele Krishi Vigyan Kendras, które wspierają obecny i następny program.
- Siła robocza jest dostępna w dużych ilościach.
- Cała powierzchnia użytków rolnych może zostać przekształcona w grunty nawadniane poprzez przyjęcie odpowiednich praktyk gospodarki wodnej, a produkcja może zostać zwiększona poprzez zastosowanie naukowych metod produkcji, jak najlepsze wykorzystanie siły roboczej w rolnictwie oraz poprzez zastosowanie odpowiedniej technologii pozbiorczej na poziomie gospodarstwa rolnego/gminy.
- Istnieje duży potencjał w zakresie uprawy wysokiej jakości owoców i warzyw.

- Przetwarzanie materiału siewnego może zwiększyć dochody i zatrudnienie oraz wyeliminować głód i ubóstwo.
- Przy odpowiednim wsparciu infrastrukturalnym region może stać się dużym dostawcą produktów rolnych i może dostarczać swoje produkty na duże rynki pobliskich państw.
- Dostępność wysokiej jakości materiału sadzeniowego znacznie zachęci do produkcji wysokowartościowych upraw.

## 1.4 Uniwersytet Rolniczy Bihar [12]

Bihar Rolniczy Kolegium ustanawiać w 1906 w Sabour, Bhagalpur, edukacja w polu rolnictwo i sprzymierzony nauka. Bihar Rolniczy Uniwersytet ustanawiać w 2010 akt Rząd Stanu z the następujący cel:

-Aby zapewnić edukację w różnych gałęziach rolnictwa.

-Podejmowanie badań strategicznych i stosowanych w celu opracowania technologii służących zwiększeniu wydajności, jakości i wartości dodanej produktów rolnych.

-Rozpowszechniać informacje naukowe wśród rolników, młodzieży i kobiet.

-Planować, organizować i prowadzić programy szkoleniowe na terenie kampusu i poza nim w celu rozwoju potencjału zasobów ludzkich w dziedzinie rolnictwa.

-Pomoc rządowi państwowemu w dostarczaniu materiału siewnego dla hodowców, koktajli szczepionych do produkcji i rozmnażania fundamentów oraz certyfikowanego materiału sadzeniowego.

-Świadczenie usług doradczych i ekspertyz w dziedzinie rolnictwa, organizacji pozarządowych, przemysłu i innych.

- Służyć jako składowisko informacja naukowa w różny aspekt rolnictwo Strefa III A the odpowiedni agencja dla wszystkie round rozwój rolnictwo w Stan Bihar.

## 1.5 World Development Foundation, Indie, [13],[14]

World Development Foundation (WDF) (WDFINDIA) została założona w 2003 roku w New Delhi, w Indiach, jako organizacja pozarządowa z misją poprawy życia ludzi ubogich i zmarginalizowanych. Fundacja została uznana za partnera rządu Indii, a szczegóły dotyczące sektora/kluczowych zagadnień są przez nią obsługiwane oraz obszarów operacyjnych (region/okręgi) kraju. WDF wykorzystuje środki masowego przekazu, takie jak radio i telewizja, ICT i technologie komunikacyjne do rozpowszechniania wiedzy w dziedzinie rolnictwa, opieki zdrowotnej, generowania środków do życia i usuwania ignorancji. World Development Foundation została założona w 2003 roku. Od tego czasu zajmuje się kształceniem osób ubogich w celu poprawy ich sytuacji ekonomicznej i społecznej. WDF wykorzystuje do tego celu radio społecznościowe, środki masowego przekazu, ICT, nowe media i Internet.

WDF opracował, zaprojektował i zrealizował projekty dotyczące wykorzystania stacji radiowych Wspólnoty do generowania środków do życia w różnych częściach Indii w ramach partnerstwa Media Lab Asia. Community Radio jest również wykorzystywane w celu skupienia uwagi na ważnych kwestiach społecznych dotyczących zdrowia, edukacji, praw, przepisów itp. Ponadto, jest wykorzystywane do informowania i edukowania rolników na temat rolnictwa i najlepszych praktyk w zakresie technologii, nasion, gleby, pogody, klimatu, itp. Analiza wpływu inicjatywy podjętej przez World Development Foundation i Media Lab Asia doprowadziła do przyjęcia Radia Wspólnoty jako zatwierdzonego programu przedłużenia finansowania rozwoju rolnictwa w kraju przez Ministerstwo Rolnictwa (Indie).

WDF stara się wykorzystać wiedzę specjalistyczną, aby pomóc krajom Afryki w wykorzystaniu radia wspólnotowego na rzecz rozwoju. WDF uruchomił ostatnio siedem stacji radiowych Wspólnoty w odległych miejscach Etiopii w celu rozwoju i edukacji ludzi w Etiopii.

# Rozdział 2

# Rolnictwo oparte na technologiach teleinformatycznych Rozszerzenie dla Biharu

## 2.1 Innowacje technologiczne

Innowacje w rolnictwie są kluczem do rozwoju sektora rolnictwa. Innowacje wymagają stałej interakcji wielu podmiotów i zainteresowanych stron, takich jak rolnicy, osoby zajmujące się upowszechnianiem wiedzy rolniczej, naukowcy, a w obecnym kontekście środki masowego przekazu i eksperci w dziedzinie ICT. Odpowiednie usługi w zakresie upowszechniania wiedzy rolniczej powinny być w stanie zaspokoić potrzeby rolników w zakresie wiedzy na temat technologii, praktyk rolniczych, wydajności/efektywności gospodarstw, przyjęcia technologii, podaży i popytu na produkty rolne [15]. W badaniu Banku Światowego uznano znaczenie upowszechniania wiedzy rolniczej przez radio [16]. Rola technologii informacyjno-komunikacyjnych w rozwoju rolnictwa została zwizualizowana już dawno temu [17]. Stwierdzono, że wzrost penetracji ICT ma bezpośredni związek z wydajnością i dochodami z rolnictwa. Dochody z rolnictwa w wielu krajach rozwijających się są zgodne z poziomem penetracji ICT [18]. W dalszych badaniach stwierdzono, że rolnicy odnoszą ogromne korzyści z dostępności informacji o cenach, produktach i atrybutach rolnictwa [19]. RolĊ technologii informacyjno-komunikacyjnych i Ğrodków masowego przekazu dla zniwelowania luki w wiedzy o usáugach i nakáadach wysokiej jakoĞci, standardach produkcji i bezpieczeĔstwa jakoĞci, informacjach o cenach i rynkach, zarządzaniu po zbiorach badali Ferroni i Zhou [20]. Skłonność rolników do korzystania z technologii informacyjno-komunikacyjnych została przeanalizowana poprzez wybranie losowo wybranej próby siedemdziesięciu pięciu rolników do wcześniej sprawdzonego wywiadu strukturalnego. Wyniki wykazały, że większość rolników wykazała pozytywne nastawienie do korzystania z ICT [21] Wiele krajów rozwijających się nie podejmuje wystarczających wysiłków w celu wykorzystania ICT do zwiększenia wydajności rolnictwa. Bank Światowy w opublikowanym niedawno badaniu opisuje to jako paradoks innowacji, w którym kraje rozwijające się niechętnie korzystają z nowych technologii w celu uzyskania korzyści [22].

Zdecydowano się na nowatorskie wykorzystanie opartego na technologiach informacyjno-komunikacyjnych systemu rozszerzeń, aby zapewnić szkolenie społeczności rolniczej w zakresie rolnictwa, ogrodnictwa i pól pokrewnych w całym łańcuchu produkcji, od przygotowania pola pod konkretną uprawę do siewu, stosowania nawozów, nawadniania, zbioru i wprowadzania do obrotu. Zainteresowane strony, takie jak rolnicy, grupy wsparcia (SHG), władze finansowe, banki nasion, badacze, naukowcy i władze uniwersytetów były zmotywowane do zaangażowania się w ten proces.

## 2.2 System rozpowszechniania wiedzy o rolnictwie (ANDS)

System Upowszechniania Wiedzy Rolniczej w Bihar został stworzony, zaprojektowany i wdrożony przez WDF w celu połączenia ludzi (rolników) i instytucji (Bihar Agricultural University i KVKs), aby promować wzajemne uczenie się i generować, dzielić się i wykorzystywać związaną z rolnictwem technologię, wiedzę i informację [23]. System został zaprojektowany w celu zintegrowania rolników, edukatorów rolniczych, badaczy i pracowników naukowych w celu wykorzystania wiedzy i informacji z różnych źródeł, głównie nauk rolniczych, dla lepszego rolnictwa i poprawy warunków życia [24].

Przy projektowaniu systemu zadbano o to, aby złożoność technologiczna ograniczała się do strony upowszechniania, którą utrzymywałaby przeszkolona kadra WDF i Uniwersytetu. The współczynnik alfabetyzmu Bihar być 61.8% (najniższy w the kraj), z właśnie wokoło 6% populacja być komputerowy, wiedza upowszechnianie używać komputer lub laptop jako urządzenie odbiorcze z rolnik całkowicie wykluczać. The odbiornik urządzenie wybierać jako wizualny lub słuchowy urządzenie tak jak TV display lub Radio odbiornik. Urządzenia do wyświetlania na dużym ekranie zostały zainstalowane w KVK, gdzie rolnicy mogli gromadzić się i szkolić przy pomocy naukowców. Jako medium przekazu wybrano wideo lub audio w lokalnym języku/gwarze, czyli hindi i bhojpuri. Formatem był talk show, dramat, muzyka ludowa, historia sukcesu itp.

## 2.3 Konstrukcja systemu

Architektura systemu tworzenia, przechowywania i upowszechniania wiedzy (ANDS) dotyczącej rolnictwa została przedstawiona na rys. 2.1. Zasadniczo składa się ona z następujących elementów:

State of the Art Electronic Media Production Centre (EMPC) jako główny ośrodek pełniący rolę repozytorium mediów elektronicznych do przechowywania i rozpowszechniania informacji badawczych Uniwersytetu wśród rolników w całym kraju. EMPC służy jako Nodal Resource Centre do produkcji, przechowywania, rozpowszechniania i przekazywania wiedzy na temat rolnictwa przez państwo. Centrum składa się ze studia i sprzętu do produkcji audio i wideo z wszystkich komponentów, takich jak pokój kontroli produkcji (PCR), pokój edycji, archiwów cyfrowych i biblioteki elektronicznej. Archiwum cyfrowe oparte na serwerze służy do

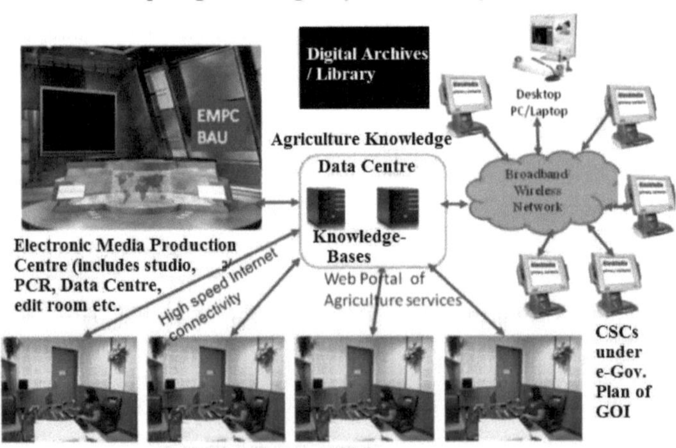


przechowywania treści cyfrowych.

Rys. 2.1. Architektura systemu dla ANDS

Rolniczy e-portal w języku lokalnym jest wykorzystywany do połączenia bazy wiedzy opartej na wideo ze światem. Wybrane KVK zostały zmodernizowane do pracy jako centra dostępu do danych/dystrybucji. Te KVK zostały podłączone do EMPC za pomocą szybkich linii danych. Common Service Centers (Kioski) ustanowione przez rząd stanu w ramach National e-governance Plan of Government of India (GOI), działają jako system odbiorczy, oprócz bardzo ograniczonej liczby własnych komputerów rolniczych lub komputerów dostępnych u kierownika wioski. CSC jest punktem dostępu do technologii informacyjno-komunikacyjnych (ICT) z komputerem osobistym i łączem szerokopasmowym. Plan projektu rządu Indii obejmuje stworzenie sieci ponad 100.000 CSC w całym kraju. Projekt rozpoczął się w 2006 roku. Bihar założył już 5565 CSC (znanych jako Vasudha e-Seva Kendras) [25].

Obszary, tematy i tematy zostały wybrane z pomocą ekspertów. Były to głównie: technika rolnicza, hodowla zwierząt, klimatologia, agronomia, zarządzanie chorobami roślin, magazynowanie, zarządzanie po zbiorach, transport, cena rynkowa, ostrzeganie przed powodzią/cyklonem itp. Stworzono i przechowywano w bazie wiedzy wideo/audio/multimedia dotyczące odpowiednich tematów. Metadane były również tworzone z pomocą ekspertów i przechowywane w archiwum cyfrowym. Dźwięk jest dostępny w formacie mp3, a wideo w formacie mp4. Uznano, że ważny jest tylko dźwięk, ponieważ można go odsłuchiwać z dostępnością mniejszej prędkości / szerokości pasma internetowego.

System wideokonferencji został stworzony z EMPC jako centralny węzeł do rozpowszechniania treści i łączności z pięcioma wybranymi KVK za pośrednictwem szybkiej internetowej sieci danych. System ten jest również wykorzystywany do przechwytywania danych z KVK.

Architekturę systemu do wieloprotokołowego przełączania etykiet wirtualnych sieci prywatnych (MPLS VPN) [26] z wykorzystaniem topologii "Any to Any" z łącznością ostatniej mili z radiem mikrofalowym przedstawiono na rys. 2.2. Miejsca wybrane do konferencji pokazano na rys. 2.3. Łączność z odległymi miejscowościami wiejskimi stanowiła wyzwanie ze względu na brak sieci światłowodowych w tych odległych miejscowościach. Światłowody były dostępne tylko do najbliższego miasta. Wymagało to ustanowienia mikrofalowego łącza radiowego z terminala światłowodowego w mieście do KVK. Rozwiązanie MPLS Solution, wykorzystujące modułowy pakiet oprogramowania do zarządzania siecią i usługami, służy do monitorowania usług wirtualnej sieci prywatnej (VPN). System MPLS VPN służy do zarządzania intranetowymi i ekstranetowymi sieciami VPN. System służy do zarządzania przepływem, audytu usług oraz pomiaru poziomu usług (SLA) w środowiskach MPLS VPN opartych na sieciach IP. Multiprotokołowe przełączanie etykiet (MPLS) jest nowym standardem branżowym, na którym opiera się przełączanie etykiet. Logiczny widok systemu wideokonferencyjnego pokazano na Rys. 2.4.

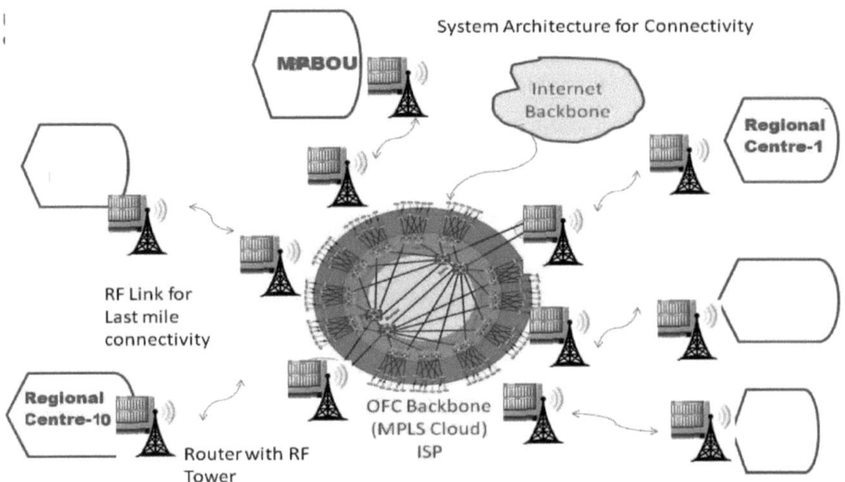


Rys. 2.2 Architektura systemu łączności na szybkich szerokopasmowych włóknach światłowodowych

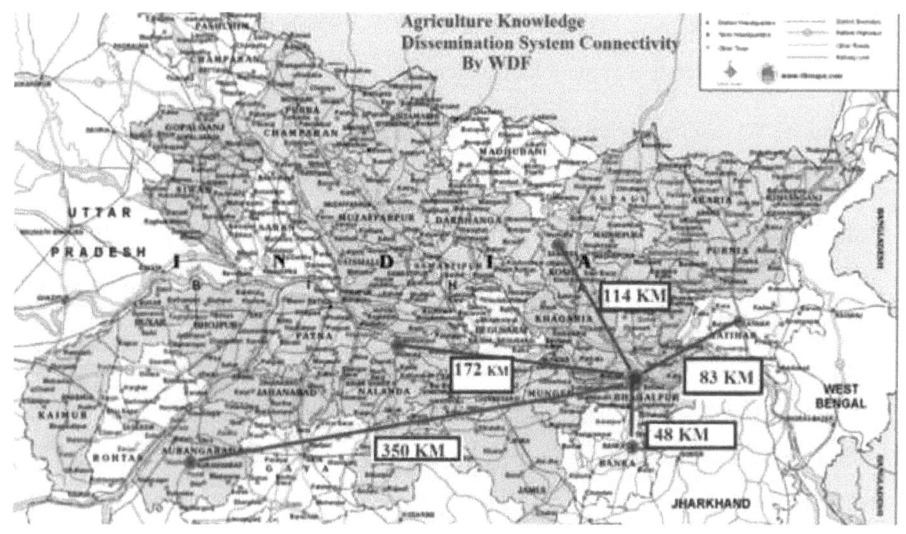


Rys. 2.3 Mapa Biharu (Indie) z miejscami wybranymi do wideokonferencji

Rys. 2.4. Logiczny podgląd systemu wideokonferencji dla interakcji z rolnikami za pośrednictwem naukowców on-line

Kluczowe cechy projektu sieci, podane poniżej, opierały się na prostym procesie wdrożenia i integracji oraz umożliwiały sprawne działanie i zarządzanie.

**Technologia:** Oparte na MPLS rozwiązanie L3 VPN będzie wykorzystywane do komunikacji pomiędzy dwoma lokalizacjami.

**Zdolność:** Wydajność i wielkość aktywnych komponentów zostały wykonane z myślą o przyszłym wzroście.

**Interoperacyjność:** System jest zdolny do łączenia się z innymi systemami lub podsystemami. Proponowane rozwiązanie zostało zaprojektowane z wykorzystaniem standardów branżowych, z uwzględnieniem interoperacyjności. Interoperacyjność zapewnia optymalną niezawodność i interoperacyjność bezprzewodowych, przewodowych, satelitarnych, kablowych i innych publicznych sieci danych. Niezawodność, solidność, bezpieczeństwo i interoperacyjność zapewniają bezpieczeństwo i trwałość sieci komunikacyjnych w całej sieci po dalszej rozbudowie.

**Rozważania na temat wydajności:** Wybrany sprzęt zapewnia odpowiednią pojemność płyty montażowej, aby skutecznie przełączać się pod obciążeniem szczytowym w celu uniknięcia pogorszenia wydajności. Wydajność sieci jest okresowo monitorowana przy użyciu narzędzi do zarządzania siecią, a w razie potrzeby można zwiększyć jej pojemność.

**Możliwość zarządzania:** 24*7 scentralizowane NOC do monitorowania i zarządzania urządzeniami i połączeniami.

**Wsparcie dla danych głosowych i wideo:** Sieć i proponowany sprzęt są wystarczająco wydajne, aby obsługiwać dane, głos i wideo.

## 2.4 Wdrożenia

Centrum Produkcji Mediów Elektronicznych (EMPC), poddane pełnej obróbce akustycznej i wyposażone w trzy systemy kamer pokazano na rys. 2.5. Działa ono jako studio produkcyjne oraz sala wideokonferencyjna połączona z pięcioma KVK-ami. (Rys. 2.3). Salę edycji PCR pokazano na rys. 2.6.

Rys. 2.5. Studio Produkcji Mediów Elektronicznych Sala wideokonferencyjna

Rys. 2.6. Pomieszczenie kontroli produkcji

## 2.4.1 Akustyka

Centrum Produkcji Mediów Elektronicznych (EMPC) zostało utworzone jako główny ośrodek wykorzystania mediów elektronicznych w rozpowszechnianiu informacji badawczych Uniwersytetu wśród rolników w całym kraju. Ono słuzyć jako Nodal Zasobowy Ośrodek w produkcja, rozpowszechnianie i przekazywanie informacja rolnicza w the Stan Bihar używać webcasting i szeroki zakres środek komunikacji. The studio używać dla surowy produkcja; PCR używać dla nagranie i postprodukcja i centrum danych używać dla przechowywanie i rozpowszechnianie edukacyjny program w audio-video format. Wykorzystywane są zarówno sposoby nadawania, jak i nie nadawania. Plan rozmieszczenia (LOP) dla EMPC jest przedstawiony na Rys. 2.7.

Projektowanie akustyczne pracowni produkcyjnych jest wyspecjalizowaną gałęzią Architectural Acoustic. Chociaż ogólne zasady, którymi należy się kierować, są takie same jak w innych pomieszczeniach do mowy i muzyki (sale koncertowe, teatry małe, audytoria itp.), w przypadku studiów nadawczych istnieją pewne wyjątkowe wymagania, które mają bardziej rygorystyczny charakter.

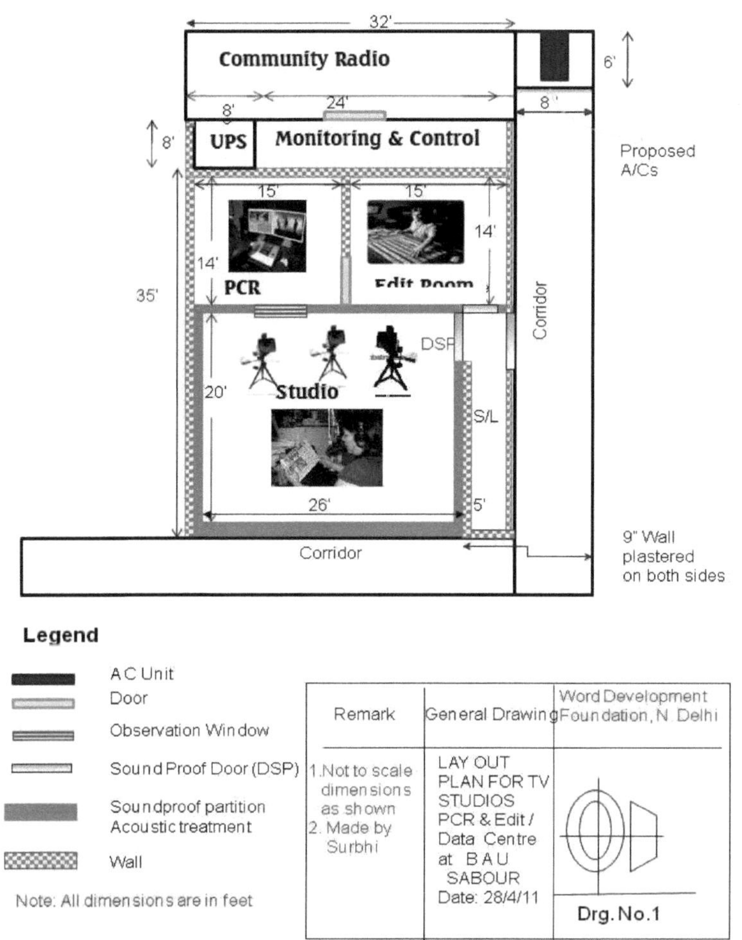


Mgła. 2.7 Plan rozmieszczenia EMPC

Nie ma chyba innej areny, w której integralność dźwięku jest bardziej istotna, lub w której awarie akustyczne są bardziej widoczne, niż w studiu nagraniowym/nadawczym. Niezależnie od tego, czy formatem jest telewizja, radio, wideo czy nagrania, zaprogramowany dźwięk jest "produktem" Studia, a stworzenie odpowiedniego środowiska akustycznego ma fundamentalne znaczenie dla ich projektowania. Organizacje radiowe i telewizyjne na całym świecie uwzględniają te szczególne wymagania przy projektowaniu pracowni. Studiem nadawczym jest pomieszczenie w kompleksie studyjnym, które zostało specjalnie zaprojektowane i zbudowane w celu tworzenia programów nadawczych. Za każdym razem, gdy słuchamy występującego muzyka, cieszymy się programem dzięki wspaniałym właściwościom naszych organów zmysłów - uszu i oczu. Aby osiągnąć ten cel, niezbędna jest akustyka studyjna.

Pole dźwiękowe wokół dowolnego źródła dźwięku w pomieszczeniu składa się z dwóch elementów: pola bezpośredniego i pola pogłosowego. Pole dźwiękowe wokół dowolnego źródła dźwięku nazywane jest "polem bliskim". W obszarze zwanym "polem dalekim" poziom ciśnienia akustycznego teoretycznie zmniejsza się o 6 dB wraz z podwojeniem odległości, ale ma to miejsce w warunkach bezechowych, gdzie istnieje "wolna przestrzeń". W prawdziwym studio, gdzie odbicia fal dźwiękowych odbijają się od granic pomieszczenia, odbicia te tworzą "żywą" przestrzeń akustyczną. Obróbka bazuje na miękkich płytach, perfotylowych i perforowanych płytach twardych, pokrytych wełną szklaną (certyfikat ISO/ISI, np. BS -476). Impregnat ścienny składa się z pracy od środka do środka listwy (mocowanej na sztywno do ścian za pomocą drewnianych kołków, osadzonej w ścianie. Ten system montażu zapewnia stałe, sztywne podparcie dla materiałów akustycznych oraz ścian.

Dźwiękoszczelne skrzydło drzwiowe ma ramę o wymiarach 50 mm x 50 mm, odpowiednio podzieloną na segmenty i pokrytą po obu stronach warstwą handlową. Szczelina powietrzna w wewnętrznej części ościeżnicy jest wypełniona albo wełną szklaną (według specyfikacji) na siatce z kurczaka, albo zwykłą miękką deską. Zewnętrzna strona skrzydła drzwi jest pokryta warstwą teakową lub laminatem przemysłowym w odcieniu teaku. W drzwiach znajduje się okrągły lub prostokątny otwór na poziomie oka. Wykładzina gumowa na krawędziach stopni ościeżnicy i mechanizm sprężynowy samozamykacza zapewnia zadowalające uszczelnienie krawędzi między skrzydłem drzwi a ościeżnicą, zapewniając tylko dobrą izolację w wysokich częstotliwościach w oparciu o prawo masy, średnia izolacja akustyczna każdych drzwi wynosi około 30 do 35dB z blokiem dźwiękowym (lobby dźwiękowe) izolacja od 50 do 55 dB jest osiągana między pracownią a korytarzem.

Okno obserwacyjne znajduje się pomiędzy studiami a dołączoną do nich kabiną ogłoszeniową, a w niektórych przypadkach pomiędzy studiem odtwarzania a główną dyspozytornią. Okna obserwacyjne są z reguły podwójnie szklone przy użyciu szyb 4/6,5 mm, przy czym minimalny odstęp między szybami wynosi 150-200 mm, a ościeże do przestrzeni między szybami wyłożone jest miękkimi płytkami. Krawędzie tafli szklanych montuje się w gumowych kanałach U przed wymieszaniem ich z ramką zewnętrzną. Aby uniknąć odbicia od oświetlenia studia i kabiny ogłoszeniowej, szyby są zamocowane pod kątem. Izolacja akustyczna osiągana przy typowym montażu jest rzędu 40 do 46 db. Dla okna obserwacyjnego i te wartości izolacyjne wypadają korzystnie w porównaniu do ścian o grubości 340 mm.

Wymiary zamka dźwiękowego to 5' x 20'. Śluza dźwiękowa posiada trzy dźwiękoszczelne drzwi; jedno dla studia drugie dla dołączonego centrum edycji/danych i trzecie od strony korytarza. Pomiędzy jednym miejscem a drugim znajdują się dwoje drzwi. Blokada dźwiękowa jest traktowana jako dość martwa akustycznie z perforacją do sufitu podwieszanego z drewna tekowego o niskiej częstotliwości pochłaniania i bez obróbki na ścianie.

Wymiary pomieszczenia do edycji/centrum danych wynoszą 15' x 14'. Posiada on dwoje dźwiękoszczelnych drzwi; jedno do Sound Lock, drugie do dołączonego PCR. Edit / Centrum danych jest traktowany jako dość martwy akustycznie z perforacją dla sufitu podwieszanego teak plyly low frequency absorber i bez obróbki na ścianie. PCR lub Centrum Kontroli Produkcji jest tej samej wielkości co Centrum Edycji/Danych. Obróbka tego pomieszczenia jest taka sama jak w przypadku studiów, zgodnie z praktyką międzynarodową. Odniesienia do projektu akustycznego zostały przedstawione w Załączniku 1.

### 2.4.2 Wyposażenie i podstawowa łączność

Podstawowe wyposażenie EMPC można podzielić na produkcyjne, takie jak kamera, mikrofon itp. w studiach, sprzęt PCR, taki jak przełącznik produkcji, talk back system, tele prompter, magnetowid, sprzęt do montażu, takie jak Apple Mac z cut pro i inne oprogramowanie do edycji / produkcji, systemy serwerowe i systemy wideokonferencyjne. Szczegóły dotyczące tych urządzeń zostały opisane w załączniku 2. Podstawową łączność pomiędzy studiem a PCR przedstawiono na rys. 2.8.

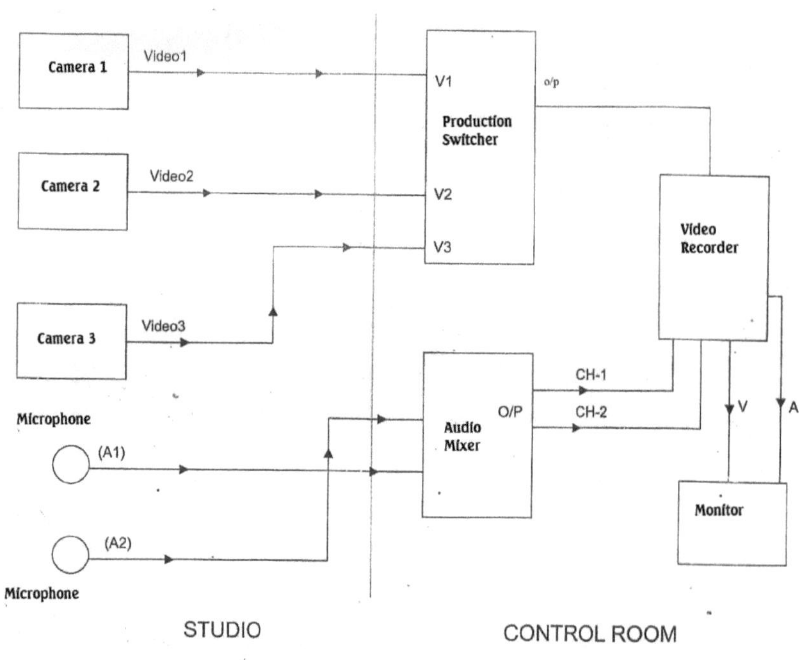


Rys. 2.8 Połączenie Studio z PCR

### 2.4.3 Metodologia i tematyka

Przeprowadzono kilka sesji burzy mózgów ze specjalistami w tej dziedzinie, rolnikami i pracownikami produkcji, aby zdecydować o kluczowej metodologii i tematyce. Ustalono następujące wytyczne.

i. Programy te miałyby natychmiastowe znaczenie dla społeczności rolniczej. Nacisk byłby położony na programy oparte na rolnictwie, ogrodnictwie, edukacji, ochronie środowiska, opiece społecznej, rozwoju społeczności itp. The programować odzwierciedlać the specjalny interes i potrzeba the rolniczy społeczność trzymać the wizja the drugi zielony rewolucja od Bihar. (The pierwszy zielony rewolucja zaczynać w the wczesny 1960s i prowadzić wzrost w żywność ziarno produkcja, szczególnie w Punjab, Haryana i Uttar Pradesh stan India).

ii. Zawartość zostanie opracowana z udziałem społeczności rolniczej, ekspertów w tej dziedzinie, naukowców zajmujących się rozszerzaniem wiedzy, organizacji pozarządowych, grup samopomocy itp.

iii. Programy powinny być w lokalnym języku i dialekcie (dialektach) lub hindi

iv. Przestrzegane będą przepisy Kodeksu Programu i Reklamy określone w Indiach.

v. Opracowywany jest również program dotyczący środowiska naturalnego, deszczu, powodzi itp.

### 2.4.4 System rozpowszechniania

**YouTube**

Wideo na temat kompletnych informacji (klimatologia, odmiana, agronomia, zarządzanie chorobami roślin, zarządzanie po zbiorach itp.) oraz zalecany pakiet praktyk dla upraw mandatowych został opracowany i przechowywany na centralnym serwerze oraz udostępniony rolnikom za pomocą różnych trybów, w tym YouTube

[27]. Metadane dla programu zostały skrupulatnie przygotowane pod kątem łatwego dostępu i wyszukiwania w archiwum.

### Wideokonferencje

Tryb wideokonferencji jest wykorzystywany do zwracania się do rolników, którzy zbierają się w różnych KVK. Panel ekspertów najpierw pokazuje film na określony temat, a rolnicy zebrani w KVK oglądają film o nowych technikach i ich zapytaniach kierowanych lokalnie przez naukowców z KVK, jak również ekspertów dostępnych w centralnym miejscu na uczelni. Kamera dostępna w KVKs pozwala na pełną interakcję. Przynoszą oni swoje próbki do KVK i korzystają z porad ekspertów, pokazując te rośliny, które są dotknięte szkodliwymi owadami. Insekty takie jak motyle i ćmy są w stadium larwalnym. Wiele gąsienic żywi się liśćmi rosnących roślin. Wiele roślin, takich jak kapusta czy kukurydza, jest zjadanych przez te owady. W Bihar, jeden instancja insekt wielki ziarnisty borer, który powodować wielki problem dla kukurydza rolnik (przydomek Osama dla swój niszczycielski wpływ w składowany kukurydza). Ten szkodnik zaczyna swój wyburzenie w polu, ale to jest najbardziej ryzykowne, gdy kukurydza jest w magazynie. Wizualna kontrola tego szkodnika przez ekspertów zdalnie umieszczonych na kamerze skutkuje natychmiastowym jego rozwiązaniem. Rolnicy odwiedzają ją okresowo z próbkami, aby pokazać roślinę/plon po zabiegu zaproponowanym przez ekspertów. Naukowcy doradzają również rolnikom w sprawie pory roku przy siewie i zbiorach, na podstawie analizy pogody otrzymanej z działu meteorologicznego.

### Dynamiczna sieć

Wideo i audio są również dostępne tylko poprzez interaktywną, dynamiczną sieć internetową (rys. 2.9). System może zwrócić się do wszystkich rolników lub farmerów z danego regionu o poradę poprzez przeglądanie stron internetowych, pocztę elektroniczną i SMS-y.

Rys. 2.9. Interaktywna, dynamiczna sieć

Nośniki i metadane są przechowywane na serwerach zainstalowanych w centralnym miejscu. Profesorowie. naukowcy i rolnicy mogą uzyskać dostęp do danych lokalnie lub ze zdalnego miejsca za pomocą haseł dostępu. Rolnicy mogą oglądać film za pośrednictwem internetowego portalu e-portalu, przechodząc do Uniwersytetu/KVK lub przez CSC. Przydatne wiadomości są również przekazywane za pomocą SMS-ów. Podstawowy kod SQL [28] oraz baza danych służą do automatycznego adresowania wszelkich zapytań.

**Radio Wspólnoty** [29]

Radio jest najpotężniejszym narzędziem komunikacji ze społecznościami dotkniętymi przepaścią cyfrową. Jest ekonomiczne, przekracza bariery geograficzne, komunikuje się z ludźmi w ich własnym języku i może być odbierane na odbiorniku kosztującym jednego dolara. Nie potrzebuje energii elektrycznej i działa na baterie. Odbiorniki radiowe z wałem korbowym mogą być używane przez długi okres czasu bez konieczności wymiany baterii. Radio przewyższa barierę umiejętności czytania i pisania. Stacja radiowa Community Radio z nadajnikiem FM o małej mocy służy do przekazywania informacji audio i udzielania odpowiedzi na zapytanie rolnika za pośrednictwem programu telefonicznego. Dla Radia Społecznego utworzono oddzielne studio (rys. 2.10) i salę nadawczą (rys. 2.11).

Rys. 2.10 Społeczne Studio Radiowe

Mgła. 2.11 Pomieszczenie nadawcze dla radia wspólnotowego

## 2.4.5 Źródła informacji

Podany na rys. 2.12 diagram przepływu danych (DFD) [30] opisuje przepływ danych do baz wiedzy z różnych źródeł. Istnieją dwie bazy wiedzy do przechowywania danych.

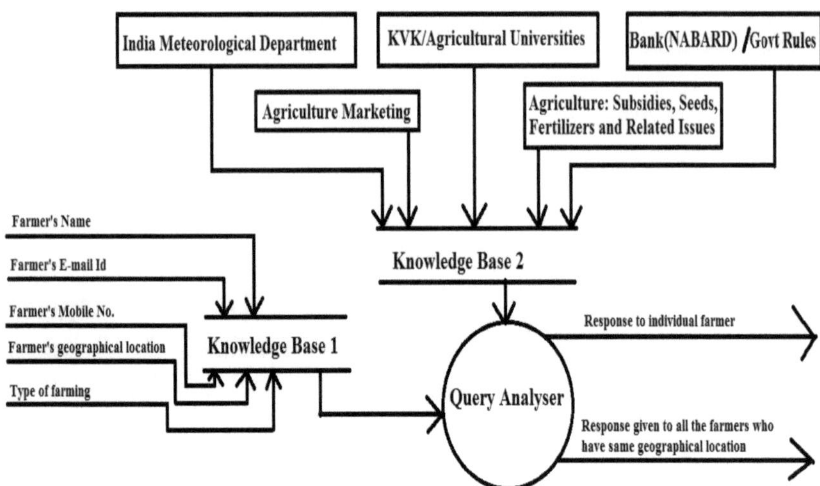


Rys. 2.12. Schemat przepływu danych

Baza wiedzy-1 zawiera podstawowe informacje o rolnikach. Zawiera ona imię i nazwisko rolnika, e-mail, numer telefonu komórkowego, położenie geograficzne, rodzaj prowadzonej przez niego działalności rolniczej itp. Druga baza wiedzy zawiera wszystkie informacje dotyczące klimatu, technik rolniczych, szczegółów dotyczących dostępności banków i kredytów itp.

Baza wiedzy 2 pobiera swoje dane z następujących dynamicznych baz danych:

- Indyjski Oddział Meteorologiczny [31]: Ten departament także określać jako MET Department zapewniać the informacja o the klimatyczny warunek szczególny obszar geograficzny Bihar. Ono być dynamiczny dane che dostawać regularnie aktualizować dla każdy okręg the Stan.

- KVK/Uniwersytety Rolnicze: Wydziały te udzielają informacji o różnych technologiach rolniczych/ogrodniczych/hodowli zwierząt.

- Bank [32] /Govt Rules: Z tych źródeł baza wiedzy gromadzi informacje o podstawowych instrumentach finansowych dostarczanych rolnikom, takich jak pożyczki, dotacje, regulacje dotyczące upraw GMO itp.

- Informacje o rynku rolnym [33]: Zawiera ona informacje o różnych cenach hurtowych. Dane te ulegają dynamicznym zmianom.

- Rolnictwo: Subsydia, nasiona, nawozy i zagadnienia pokrewne [34]: Zawiera dane o różnych rodzajach nasion, najlepszej jakości nasion, najlepszej jakości nawozów itp.

Te pięć dynamicznych baz danych regularnie aktualizuje bazę wiedzy-2, tak aby rozwiązania dostarczane rolnikom były najnowsze i dokładne.

### 2.4.6 Pozyskiwanie informacji

ANDS używa MySQL jako systemu zarządzania relacyjną bazą danych. "Jego nazwa jest kombinacją "My", nazwiska córki współzałożyciela, Michaela Wideniusa, oraz "SQL", skrót od Structured Query Language" [35]. MySQL został wybrany w celu zapewnienia najwyższego poziomu skalowalności, bezpieczeństwa, niezawodności i czasu działania oraz w celu zmniejszenia ryzyka, kosztów i złożoności w tworzeniu, wdrażaniu i zarządzaniu aplikacjami o znaczeniu krytycznym. Jako platformę programistyczną wykorzystano Microsoft Windows. Wideo na YouTube, również wykorzystuje MySQL. Kolejnym głównym komponentem jest analizator zapytań, który pobiera dane wejściowe od rolników, tzn. ich zapytania dotyczące ich problemów, dopasowuje zapytanie do właściwego rozwiązania, znajduje odpowiedzi z pomocą baz wiedzy i dostarcza rozwiązania dla rolników. Zapytanie zadane przez rolnika jest analizowane przez analizator i porównywane z informacjami dostępnymi w bazach wiedzy. Analizator dysponuje wiedzą umożliwiającą wysłanie rozwiązania do określonej lokalizacji geograficznej lub do rolników z całego państwa w zależności od przydatności i przydatności informacji. Rozwiązanie jest podawane w lokalnym języku rolnika i ma szczególne znaczenie ze względu na brak znajomości języka angielskiego wśród większości rolników.

Dla niewtajemniczonych i nowych rolników dostępny jest w sieci przyjazny interfejs użytkownika. Na przykład, możliwe jest wybranie dowolnej uprawy (rys. 2.13 zdjęcie z nazwą w języku lokalnym) w celu uzyskania dalszych szczegółów, takich jak kliknięcie na paddy, duża różnorodność programów wideo na temat różnych aspektów uprawy ryżowej, takich jak przygotowanie pola, wybór rodzaju, przygotowanie szkółki, wykorzystanie nowych technologii, zrównoważone wykorzystanie nawozów, zarządzanie nawadnianiem, zwalczanie chwastów, różne rodzaje chorób i ich zwalczanie, itp. mogą być przeglądane (rys. 2.14). Film zawierający szczegółowe informacje na temat każdego tematu z rozwiązaniem można obejrzeć klikając na odpowiedni hiperłącze (rys. 2.15). Po obejrzeniu filmu, jeśli jest jakieś dodatkowe zapytanie, farmerzy mogą przejść na stronę główną

Rys. 2.13 Interaktywna sieć z obrazami i opisem w języku lokalnym

i wysłać zapytanie do serwera za pomocą wiadomości, która zostanie zapisana na serwerze w celu uzyskania odpowiedzi od eksperta tematu. Ekspert tematu w tylnej części może użyć języka zapytań i wykonać każde złożone zapytanie do bazy danych. W tym celu, ekspert

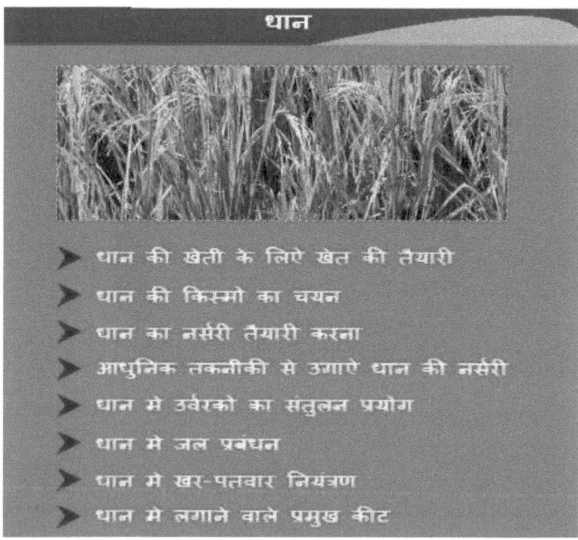


Rys. 2.14. Interaktywna sieć z lokalnym interfejsem językowym do wyboru filmu na określony temat

Rys. 2.15 Wideo przedstawiające wkładki Paddy'ego https://www.youtube.com/watch?v=WsZpNYkYBmw (Na żywo na YouTube)

korzysta z panelu administracyjnego (rys. 2.16) używając swojego hasła i sprawdza wszystkie zapytania otrzymane od każdego rolnika z danego stanu (rys. 2.17). Może on wysłać odpowiedź do konkretnego rolnika lub do wszystkich rolników z danego powiatu lub stanu (rys. 2.18), w zależności od wykorzystania informacji.

Rys. 2.16 Panel sterowania administratora

AT Screen Thief

| Full Name: | Village: | District: | Mobile Number: | E-mail: | Message: |
|---|---|---|---|---|---|
| Full Name: | Village: | District: | Mobile Number: | E-mail: | Message: |
| Full Name: | Village: | District: | Mobile Number: | E-mail: | Message: |
| Full Name: | Village: | District: | Mobile Number: | E-mail: | Message: |
| Full Name: | Village: | District: | Mobile Number: | E-mail: | Message: |
| Full Name: | Village: | District: | Mobile Number: | E-mail: | Message: |
| Full Name: | Village: | District: | Mobile Number: | E-mail: | Message: |
| Full Name: | Village: | District: | Mobile Number: | E-mail: | Message: |
| Full Name: | Village: | District: | Mobile Number: | E-mail: | Message: |
| Full Name: | Village: | District: | Mobile Number: | E-mail: | Message: |

Rys. 2.17 Raport z bazy danych

Rys. 2.18 Panel e-mailowy

Istnieje rozbudowany przepis na wyszukiwanie szczegółów dotyczących sezonu za pomocą prostego interfejsu. Po kliknięciu na mapę okręgu, na której znajdują się dane nadawane przez Indyjski Departament Metrologiczny (IMD), można uzyskać dostęp do prognozy pogody na kolejne 5 dni dla danego okręgu. Rysunek 2.19 pokazuje mapę dystryktu Bihar z dystryktami powiązanymi z danymi meteorologicznymi. Po kliknięciu na mapę okręgu, na której znajdują się dane nadawane przez Indyjski Departament Meteorologiczny (IMD), można uzyskać dostęp do prognozy pogody na kolejne 5 dni dla danego okręgu. Ponieważ najlepszy prognoza pogody można mieć tylko z Indyjskiego Departamentu Metrologicznego, bezpośrednio połączyliśmy stronę z IMD, aby uzyskać dostęp do danych dla dowolnego dystryktu Biharu. Przykładowy wynik dla dystryktu Bhagalpur wydany w dniu 26/9/2011 r. przez IMD jest przedstawiony na Rys. 2.20.

Rys.2.19 Bihar stan z wszystkie the dzielnica hiperłączyć.

INDIA METEOROLOGICAL DEPARTMENT
MULTIMODEL ENSEMBLE BASED DISTRICT LEVEL WEATHER FORECAST
ISSUED ON: 26-09-2011
VALID TILL 08:30 IST OF THE NEXT 5 DAYS

DISTRICT : BHAGALPUR STATE : BIHAR

| PARAMETERS | ENSEMBLE FCST | | | | |
|---|---|---|---|---|---|
| | DAY-1<br>27/09 | DAY-2<br>28/09 | DAY-3<br>29/09 | DAY-4<br>30/09 | DAY-5<br>01/10 |
| Rainfall (mm) | 13 | 0 | 0 | 0 | 0 |
| Max Temperature ( deg C) | 29 | 30 | 30 | 30 | 31 |
| Min Temperature ( deg C) | 23 | 22 | 22 | 24 | 24 |
| Total cloud cover (octa) | 0 | 0 | 3 | 2 | 1 |
| Max Relative Humidity (%) | 88 | 95 | 94 | 90 | 91 |
| Min Relative Humidity (%) | 74 | 81 | 75 | 71 | 73 |
| Wind speed (kmph) | 8 | 5 | 7 | 6 | 6 |
| Wind direction (deg) | 230 | 180 | 260 | 280 | 270 |

Rys. 2.20 Przewidywanie przez IMD

Community Radio jest wykorzystywane do nadawania treści audio, które mogą być odbierane przez rolników na ich odbiornikach FM. Do nadawania programów w oparciu o ich znaczenie w zależności od pory roku stosuje się stały czas antenowy arkusz informacyjny. Ten sam program jest również dostępny w formie audio na stronie internetowej (Rys. 2.21).

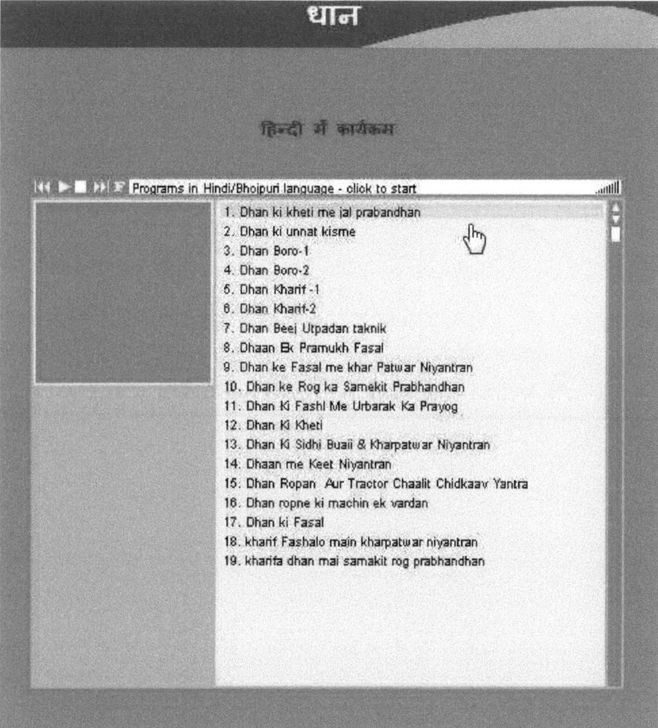


Rys. 2.21 Transmisja audio ze strony internetowej

## 2.5 Skutki językowe

Projektowanie systemu informatycznego charakteryzuje się złożonością użycia lokalnego języka, który może być zrozumiały dla społeczności rolniczej, która na ogół nie jest dobrze wykształcona. W przypadku Bihar, the język mówić być, Hindi, Urdu (urzędowy język), Angika, Bhojpuri, Magadhi, Maithili i Bajjika. The powszechnie rozumiany język być Hindi, Bhojpuri i Maithili. Nacisk został położony na produkcję programów audio i wideo we wszystkich tych językach. Jednak projektowanie stron internetowych ograniczało się do języka hindi. Stworzyło to szczególną złożoność w projektowaniu i kodowaniu. Podczas gdy backend mógł używać języka angielskiego, frontend i wszystkie interfejsy użytkownika musiały być kodowane w języku hindi. Wykorzystano kody jednostek, które są odpowiednikami Unicode lub Decimal. Są one używane do wpisywania Devanagari na stronach internetowych. Na przykład, aby wpisać परम , można wpisać प& #2352;म w dowolnej stronie HTML i wyświetli się Devanagari. Dodatek 3 pokazuje przykładowy kod użyty na stronie "Paddy Video".

# Rozdział 3

# Analiza wpływu

## 3.1 Skutki społeczne

Analiza wpływu społecznego (SIA) projektu rozwojowego jest podejmowana w celu zrozumienia wpływu strategii zmian i skuteczności projektu w osiąganiu celów. Po zakończeniu projektu przeprowadzono krótkotrwałe badanie mające na celu przewidywanie prawdopodobnych skutków strategii zmian, jak również długoterminową ocenę wpływu społecznego projektu rozbudowy opartego na technologiach informacyjno-komunikacyjnych na życie społeczności, w szczególności jego zdolności do dostrzeżenia zainteresowania społeczności rolniczej nauką nowych sposobów. Społeczność była zaangażowana w ocenę i nacisk został położony na ocenę jakościową angażującą jednostki i zbiorowe interesy w przyjmowaniu nowej technologii będzie jasne z danych przedstawionych w tym rozdziale. Zaobserwowano duży entuzjazm w akceptacji technologii przez społeczność lokalną. Społeczność mogła zobaczyć/usłyszeć nowe sposoby rolnictwa w ich tradycyjnym języku, z muzyką i pieśniami w ich własnym dialekcie, nadawanymi przez córki/synów ziemi. Mogliby oni w każdej chwili odwiedzić Uniwersytet/KVK, podzielić się swoimi przemyśleniami, pomysłami, historiami sukcesu i sprzedawać swoje produkty. Mogliby uzyskać informacje na temat dostępności ulepszonych nasion, nawozów, warunków pogodowych i metod uprawy. Kobiety chętnie uczyły się nowych umiejętności zarabiania na życie poza wiedzą na temat zdrowia, higieny, swoich praw i przywilejów itp. Radio społecznościowe było katalizatorem, który zmienił ich życie. Większość społeczności korzystała z wiedzy na temat dostępnych dla nich udogodnień w postaci pożyczek finansowych, praw i przepisów, itp. Odnotowano wyraźną poprawę w dziedzinie rolnictwa, ogrodnictwa, edukacji, zdrowia, kultury, wiedzy, etyki i wartości ludzkich.

## 3.2 Analiza wyników

Wynik został po raz pierwszy przeanalizowany po sześciu miesiącach wdrażania. W ciągu około sześciu miesięcy do KVK zostało sprowadzonych ponad 10000 rolników, którzy zostali przeszkoleni w zakresie nowych technologii poprzez bezpośrednią interakcję z ekspertami korzystającymi z systemu wideokonferencji, a także z pomocą lokalnych naukowców delegowanych do KVK.

Wykorzystaliśmy również statystyki YouTube, aby poznać otwartość umieszczonych na nim filmów. Byliśmy świadomi ograniczeń komputerów, szerokopasmowego dostępu do Internetu, umiejętności i niechęci do oglądania filmów z wiedzy o rolnictwie za pomocą kosztownego Wi-Fi, szczególnie w kontekście Indii. Jednak wyniki otrzymane w 2013 roku (rys. 3.1 i tabela 3.1) były dość zachęcające. W 2013 roku 94,8% mĊĪczyzn obejrzało film, który wykazaáo niĪszy wskaźnik umiejetnoĞci obsługi komputera u kobiet na obszarach wiejskich Indii. Najbardziej ekscytującym odkryciem było to, że około 40% mężczyzn w wieku 55-64 lat obejrzało film z YouTube pomimo słabej łączności z Internetem. Ponadto stwierdzono, że filmy obejrzeli użytkownicy z różnych części świata. 28 665 użytkowników, czyli 72,11% wszystkich użytkowników pochodziło z Indii. Użytkownicy z Arabii Saudyjskiej, Zjednoczonych Emiratów Arabskich, Stanów Zjednoczonych, Pakistanu i Wielkiej Brytanii również oglądali filmy w liczbach malejących. Zaskoczeniem był dźwięk w ojczystym języku (hindi) oraz widzowie z USA i Wielkiej Brytanii.

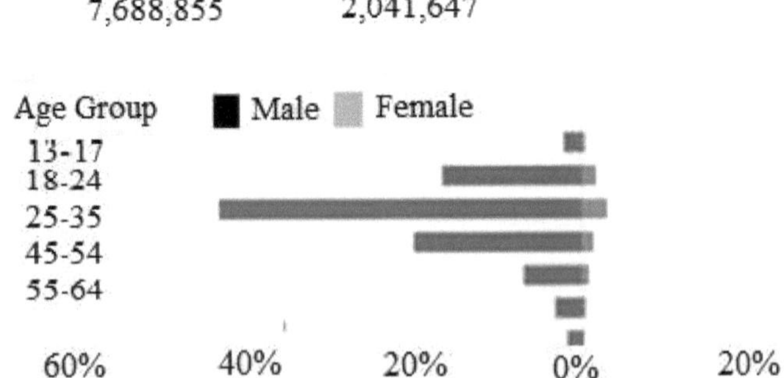


Rys. 3.1. Rozkład wieku/płci oglądania wideo według analizy YouTube jak w 2013 r.

TABELA 3.1

Dane demograficzne (top geografie) oglądalności wideo według analizy YouTube, jak w 2013 r.

| Kraj | Widzowie | % całości |
|---|---|---|
| Indie | 28.665 | 72.11% |
| Arabia Saudyjska | 2,574 | 6.47% |
| Zjednoczone Emiraty | 1,864 | 4.68% |
| Stany Zjednoczone | 1,504 | 3.78% |
| Pakistan | 774 | 1.94% |
| WIELKA BRYTANIA. | 639 | 1.6% |

Porównujemy podobne dane jak 21 listopada 2017 roku, aby zobaczyć wzrost liczby widzów według płci/wieku i demografii geograficznej. (rys. 3.2 i tabela 3.2) Obserwujemy około dwóch milionów odsłon filmu z zaskakującą zmianą w grupie wiekowej widzów. Ponad 40% widzów znajduje się w grupie wiekowej 25-35 lat. Wcześniejsza, najwyższa grupa wiekowa widzów w wieku 55-64 lata zmniejszyła się do zaledwie 10%. Młodsze grupy widzów w przedziale wiekowym 25-54 lata stanowiły 60% oglądalności. Można to przypisać dostępności smartfonów w tej grupie wiekowej w Indiach. Najwyższą oglądalność obserwuje się w większości krajów, które rozumieją język audio (hindi). Co zaskakujące, widzowie z USA nadal oglądają wideo.

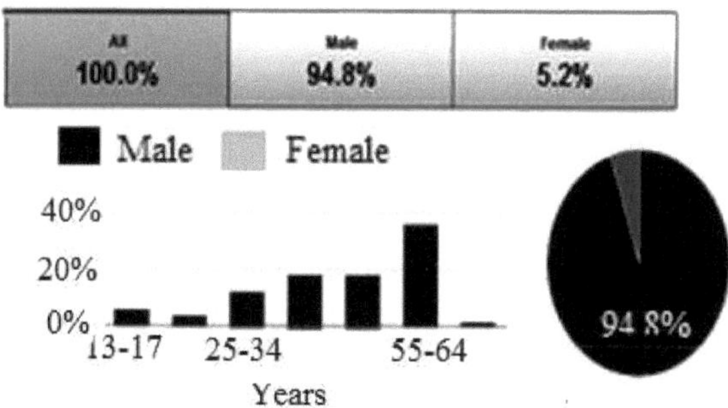


Większość widzów, nawet teraz, to mężczyźni.

Rys. 3.2. Rozkład wieku/płci oglądania wideo według analizy YouTube na dzień 21/11/2017 r.

TABELA 2

Dane demograficzne (top geografie) oglądania filmów według analizy YouTube jak na stronie 21 listopada 2017 r.

| Kraj | Czas obserwacji | Poglądy |
|---|---|---|
| Indie | 5,218,782 (68%) | 1,389,162 (68%) |
| Arabia Saudyjska | 676,176 (8.8%) | 164,211 (8.0%) |
| Zjednoczone Emiraty Arabskie | 342,654 (4.5%) | 87,053 (4.3%) |
| Pakistan | 162,733 (2.1%) | 61,885 (3.0%) |
| Stany Zjednoczone | 147,706 (1.9%) | 36,495 (1.8%) |

Z badania wynika, że liczba rolników korzystających z informacji z systemu stale rośnie. Ponadto, wraz z dostępnością telefonii komórkowej i Internetu, młodsze pokolenie chętnie uczy się nowych technik w rolnictwie. Ogniskowe problemy, takie jak ekstremalna pogoda, szkodniki, robaki, dotacje lub jakiekolwiek reklamy polityczne, były dla rolników zachętą do poszukiwania podstawowych informacji, których potrzebowaliby, a system rozbudowy dostarczał im tych informacji poprzez ANDS.

W celu dokonania jakościowej oceny systemu przeprowadzono pogłębione wywiady bezpośrednie z różnymi zainteresowanymi stronami, a mianowicie rolnikami, badaczami, specjalistami ds. rozszerzenia i profesorami uniwersyteckimi. Wywiady dostarczyły wyczerpujących informacji na temat głównych czynników wpływających na przyjęcie innowacji technologicznych w badanym kontekście. Główne wyniki wywiadów zostały podsumowane poniżej.

- Uniwersytety mają do odegrania ważną rolę w tworzeniu zawartości wiedzy dla ANDS, szczególnie w odniesieniu do ulepszonych praktyk rolniczych, łagodzenia ubóstwa i rozwoju społeczności.
- Cechy społeczno-demograficzne rolników, takie jak wiek i poziom wykształcenia, wpływają na proces wdrażania innowacji. Nowe pokolenie rolników jest jednak bardzo zainteresowane technologią.

- Przyjęcie i wdrożenie technologii informacyjno-komunikacyjnych na różnych poziomach łańcucha wartości w rolnictwie, wraz z dostępem do informacji technologicznych i zarządzaniem nimi (zmienne ekonomiczne, dane, ceny i informacje rynkowe, komunikacja z innymi podmiotami, transakcje handlowe itp.

- Niski poziom wiedzy, kompetencji i szkoleń może podsycać pewien stopień sceptycyzmu wobec innowacji, a zatem istnieje potrzeba szkolenia i rozwoju umiejętności w zakresie korzystania z technologii. Ponieważ inwestowanie w szkolenia wymaga czasu i pieniędzy, może ono stanowić przeszkodę w przyjmowaniu innowacji technologicznych. Odpowiedzialność za edukację i szkolenia powinna spoczywać na państwie.

- Innowacje technologiczne mogą zapewnić wiele korzyści i możliwości poprawy w sektorze, który wymaga pilnej uwagi.

- Wreszcie, instytucje i otoczenie rynkowe odgrywają ważną rolę w zniechęcaniu lub wspieraniu rolników do przyjmowania innowacji technologicznych. W Indiach istnieje długi łańcuch pomiędzy rolnikiem a konsumentem końcowym, a zyski czerpie wielu mężczyzn ze środowiska naturalnego. Ci mężczyźni średniego szczebla dołożyliby wszelkich starań, aby nie odnieść sukcesu w zakresie innowacji.

# Rozdział 4

# Rola powstających technologii

## 4.1 Nowe technologie

Niedawno przeprowadzono badanie mające na celu uchwycenie pewnych ważnych wymiarów przygotowania młodzieży na obszarach wiejskich Indii w odniesieniu do jej zdolności do prowadzenia produktywnego życia jako osoby dorosłej [36]. Badanie to zaskakująco pokazuje, że 59% populacji w grupie wiekowej 14-18 lat nigdy nie korzystało z komputera, a 64% nigdy nie korzystało z Internetu. Dziewczęta i młode kobiety mają znacznie mniejszy dostęp do komputera i Internetu niż chłopcy. Podczas gdy 49% mężczyzn nigdy nie korzystało z Internetu, blisko 76% kobiet nigdy nie korzystało z niego. Podczas gdy 72% mężczyzn i 76% kobiet ma konta bankowe, tylko 7% mężczyzn i 2% kobiet nigdy nie korzystało z bankowości internetowej. W Afryce Subsaharyjskiej mniej niż 7 proc. uczniów w późnej szkole podstawowej posiada biegłość w czytaniu. Trzy czwarte uczniów szkół podstawowych w Kenii, Tanzanii i Ugandzie nie było w stanie zrozumieć jednego prostego zdania. 58 procent uczniów klasy 6 w Afryce Zachodniej i Środkowej nie było wystarczająco biegłych w czytaniu, dzięki czemu uczniowie z Afryki Wschodniej i Południowej radzą sobie nieco lepiej [37]. Słaba dostępność Internetu i niska wiedza na temat podstawowej obsługi komputera jest wielką przeszkodą w korzystaniu z ICT na obszarach wiejskich. Srebrną podszewką jest jednak fakt, że korzystanie z telefonów komórkowych jest powszechne w grupie wiekowej 14-18 lat. Dostęp do telefonu komórkowego ma 73% młodych ludzi. Niewielkie rozmiary, łatwość obsługi i łatwość zarządzania nowymi urządzeniami technologicznymi, czyli smartfonami, stają się popularne wśród młodego pokolenia. Urzekające funkcje, nowe aplikacje i łatwość oglądania filmów w telefonie komórkowym zwiększa pozytywne nastawienie do jego przyjęcia. Gromadzenie i przesyłanie danych ułatwiają dziś urządzenia Wi-Fi oraz rozwiązania do przechowywania danych w chmurze. Może tego dokonać Uniwersytet dla swoich usług rozszerzających. Usługi wideo w chmurze mogą być dostępne dla każdego rolnika w dowolnym miejscu, niezależnie od rodzaju posiadanego smartfonu. Może to być korzystanie z dowolnego telco lub dowolnego systemu operacyjnego, takiego jak Android, iOS, Windows. Chmura wideo może również rozwiązać problem niskiej prędkości Internetu poprzez zastosowanie technologii znanej jako wielokrotne renderowanie w chmurze wideo w celu dopasowania jej do urządzeń i szybkości Internetu. Państwo musi odgrywać znaczącą rolę w świadczeniu usług rozszerzania sieci na obszarach wiejskich. Pobieranie danych powinno być przystępne cenowo, łatwe i szybkie, a także powinno wyprzedzać problemy praktyczne (przykładem jest oprogramowanie do identyfikacji głosowej). Oprogramowanie dla systemów zarządzania gospodarstwem powinno być zaprojektowane w celu zapewnienia uproszczonego przeglądu wyników gospodarstwa, zmniejszenia niepewności i wsparcia rolników i techników w procesie podejmowania decyzji. Po stronie uniwersyteckiej, analiza danych musi dostarczać łatwych do zrozumienia informacji zwrotnych i gotowych do użycia danych wyjściowych.

## 4.2 Technologia chmury obliczeniowej do rozbudowy

Technologia chmury zapewnia tanie, szybkie obliczanie, zaawansowaną architekturę pamięci masowej i obliczenia rozproszone. Inteligentny program do przetwarzania wideo umożliwia dostarczanie na wiele platform przy różnych prędkościach transmisji danych odpowiadających wymaganiom odbiorcy. Pamięć masowa w chmurze może stanowić solidne rozwiązanie do przechowywania danych rolniczych i ich dostarczania na urządzeniach przenośnych, które stają się najbardziej popularną platformą do oglądania wideo [38]. Główną cechą jest to, że w chmurze przechowywana jest wiedza na temat praktyk rolniczych, a także informacje cenowe i marketingowe. System jest połączony z portalem marketingowym bezpośrednio łączącym rolników z nabywcą końcowym, co eliminuje potrzebę korzystania z usług pośredników. Koncepcja systemu dla architektury dostawy opartej na chmurze jest pokazana na Rys.4.1.

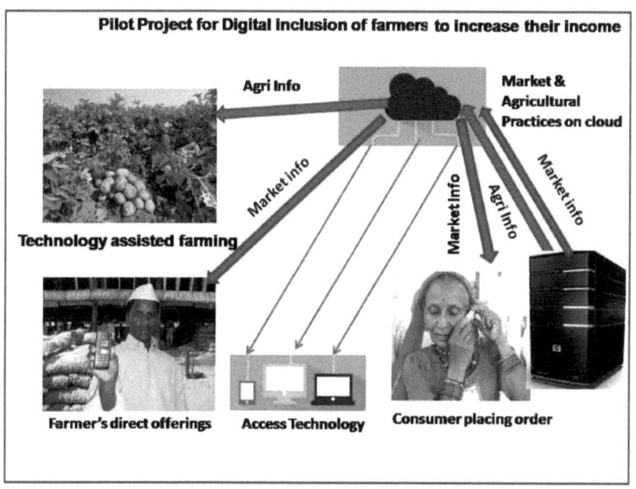


Rys. 4.1 Rozbudowa rolnicza oparta na chmurze

### 4.2.1 Główne cechy charakterystyczne

Poniżej przedstawiono główne cechy architektury opartej na chmurze.

- Treść: rygorystycznie sprawdzona zawartość, pod względem dokładności i przydatności do opracowania i udostępnienia rolnikom. Do opracowania i aktualizacji odpowiednich treści dotyczących dobrych praktyk w zakresie produkcji rolnej, informacji rynkowych, cen itp. wykorzystuje się wiedzę specjalistyczną specjalistów z danej dziedziny i instytucji badawczych.
- Jakość i integralność treści jest zachowana.
- Linki do różnych stron internetowych w celu uzyskania informacji o rynku
- Zawartość cyfrowa, która ma być umieszczona w chmurze, aby filmy cyfrowe były dostępne z następującymi korzyściami:
  - Obejmuje ona kulturę, język, umiejętność czytania i pisania oraz wiele innych kwestii, które nękają dystrybucję treści cyfrowych.
  - Treści opisane powyżej w formie zakodowanej cyfrowo, umieszczone na serwerze lub w chmurze, aby wyeliminować konieczność utrzymywania systemów informatycznych w wielu lokalizacjach.

- Okresowe powiadomienia, rządowa polityka cenowa, prognozy popytu rynkowego, dostępność wysokowydajnych nasion, terminowe ostrzeżenia o szkodnikach i środki zaradcze mogą być regularnie publikowane, aby pomóc rolnikom.
- Dostępność przez Internet, telefon komórkowy, aplikacje lub dowolne urządzenie cyfrowe
- Istnieje wysoki poziom interakcji i elastyczności w zakresie oglądania i udostępniania.
- Wygoda dostępu do wszelkich treści w dowolnym miejscu i czasie jest kluczowym czynnikiem wpływającym na konsumpcję wideo online.
- Wideo online oferuje to, co najlepsze w tradycyjnej telewizji, z dodatkowymi korzyściami, takimi jak analiza, masowa dystrybucja i niższe koszty wdrożenia,

➢ Wideo online utoruje nowy sposób konsumpcji, tworzenia i dystrybucji treści,

➢ **Kontakt od F do C (rolnik do konsumenta), nowa koncepcja, w której rolnik może bezpośrednio skontaktować się z konsumentem / rynkiem w celu sprzedaży swoich produktów.**

### 4.2.2 Korzyści płynące z systemu

- Natychmiastowy PEŁNY GLOBALNY zakres dystrybucji treści
- Treści dostępne przez połączenie internetowe włączone:
  - wszystkie urządzenia: Smartfony, tablety, telefony Feature, Smart TV, Android Setup Boxy, Roku, Apple TV...
  - wszystkie systemy operacyjne: Android, iOS, Windows ...
  - wszystkie sieci Telco Networks
- Minimalna inwestycja bez kosztownych nakładów inwestycyjnych na ciężki sprzęt wewnętrzny
- Proste wdrożenie z wejściem na rynek w mniej niż 6 miesięcy.

- Zawartość dostępna z automatycznymi metadanymi i napisami w wielu językach
- Obsługa modeli reklamowych z automatycznym wstawianiem reklam po stronie serwera.
- Budowa Państwowego Archiwum Audiowizualnego z bezpłatnym dostępem na żądanie nieograniczonym do wszystkich treści umieszczonych w chmurze
- Zawartość z pojedynczym adresem URL, przy użyciu zaawansowanego odtwarzacza HTML5 zamiast odtwarzacza flash, który jest bardzo ciężki
- Adaptacyjna przepływność bitowa.

## 4.3 Przyszłość

Ten system chmury ma stanowić podstawową podstawę do dalszego rozwoju treści i danych multimedialnych związanych z rolnictwem i naukami pokrewnymi. Dane marketingowe i interakcja F do C poprzez stronę internetową obejmującą nawet eksport będą miały wielką przyszłość. Bezpieczeństwo może zostać wzmocnione w celu umożliwienia dostępu do danych tylko osobom upoważnionym. Mając na uwadze niską znajomość obsługi komputera przez rolników, naukowcy opracowali trzyetapowy model uwierzytelniania [39]. Szyfrowanie jest techniką powszechnie stosowaną w celu ochrony naszych danych przed ich niewłaściwym wykorzystaniem przez jakąś organizację lub przez niezaufanego użytkownika [40]. Aby jednak uczynić ją bardziej bezpieczną i łatwiejszą w użyciu, pracowaliśmy nad zapewnieniem większej ilości warstw ochrony, tak aby dostęp do poszczególnych danych stał się trudny dla osób, które nie są do nich uprawnione. Warstwy te są w taki sposób, że użytkownik musi przejść przez wszystkie warstwy zabezpieczeń, a gdy tylko uzyska upoważnienie ze wszystkich warstw zabezpieczeń, to uzyska dostęp do danych/usług. Pracowaliśmy nad 3 warstwami bezpieczeństwa, które są:

- **Ochrona hasłem: Jest to** nasza pierwsza warstwa bezpieczeństwa, która jest najbardziej powszechną i skuteczną metodą. W tym kroku przy każdym cyklu logowania przypisujemy użytkownikowi określony klucz sesji, a po upływie określonego czasu użytkownik jest wylogowywany przez sam system.

- **Rozpoznawanie głosu:** To jest nasza druga warstwa bezpieczeństwa. Na tym etapie reprezentujemy głos w formie spektralnej gęstości za pomocą próbkowania. Następnie wysyłamy ten sygnał do sieci neuronowej, która uczy się i przewiduje cechy każdego słowa.

- **Rozpoznawanie twarzy:** To jest nasza ostatnia warstwa ochrony. W tym kroku używamy głównego

algorytm analizy składników (PCA), który jest procedurą statystyczną przekształcającą zbiór powiązanych ze sobą zmiennych w zbiór niepowiązanych ze sobą zmiennych, zwanych głównymi składnikami.

W zależności od stopnia złożoności wymaganej do ochrony danych, można zastosować jedną lub więcej warstw. W przypadku rolników, którzy nie są w stanie korzystać z systemu komputerowego, można łatwo korzystać z rozpoznawania głosu lub twarzy.

# Rozdział 5

# Wniosek

Z powyższej analizy wynika, że kształcenie i szkolenie społeczności rolniczej z wykorzystaniem wideo, ICT i środków masowego przekazu zostało bardzo dobrze przyjęte i jest to skuteczny sposób komunikacji ze społecznością rolniczą. Ciągłe zainteresowanie społeczności rolniczej tymi filmami wideo dowodzi, że środki masowego przekazu i penetracja technologii informacyjno-komunikacyjnych sprawiają, że społeczność rolnicza jest bardziej produktywna. Społeczność rolnicza w młodszej grupie wiekowej, która jest przyciągana przez ICT, może być spowodowana większą dostępnością telefonów komórkowych z wi-fi w porównaniu z rokiem 2013 [41]. Rolnictwo przyczynia siĆ do zaledwie 4,9% WDB Indii [42] [43]. Dochód z rolnictwa w Indiach jest obecnie zgodny z poziomem penetracji ICT. Dochód ten wzrósłby, gdyby Indie zwiększyły swoją penetrację ICT. Programy rządowe takie jak National Agriculture Market (e-NAM), National e-Governance Plan, National Knowledge Network, National Optical Fiber Network, smart cities, etc. w Indiach, złagodzą obecne problemy z dostępnością Internetu i dostępem do informacji rynkowych dla rolników. Istnieje pilna potrzeba stworzenia odpowiednich treści z różnych regionów w językach, które są dla nich zrozumiałe. Rolnicy potrzebują odpowiednich informacji, w odpowiednim czasie, w swoim języku i na urządzeniu, łatwo dostępnym dla nich.

Wszechobecny zasięg i łatwość korzystania z telefonów komórkowych przez rolników sprawia, że jest to najbardziej odpowiedni kanał komunikacji, szczególnie na obszarach wiejskich, gdzie występuje nierównomierne zasilanie. Penetracja telefonii komórkowej w Indiach sięga miliarda z 450 milionami telefonów komórkowych. Podobne tendencje obserwujemy w innych krajach rozwijających się [44]. Nowsze technologie, takie jak chmura wideo z odpowiednimi treściami i wielokrotne adaptacyjne renderowanie [45] mogą być wykorzystane do pomocy społeczności rolniczej. Innowacje dokonane w Indiach mogą zostać przyjęte przez kraje rozwijające się w celu zwiększenia wydajności rolnictwa i ograniczenia ubóstwa oraz osiągnięcia celów zrównoważonego rozwoju (SDG) ONZ, aby położyć kres ubóstwu, zwalczać nierówności i niesprawiedliwość oraz przeciwdziałać zmianom klimatycznym do 2030 r. [46].

## REFERENCJE

[1] Arkusz Danych o Ludności Świata, Biuro Danych o Ludności (PRB), http://ophi.org.uk/multidimensional-poverty-index/global-mpi-2016/

[2] Dlaczego na świecie narasta głód i co można z tym zrobić, http://theconversation.com/why-hunger-is-on-the-rise-in-the-world-and-what-can-be-done-about-it-84348.

[3] South Centre, (2001), Aileen Kwa, Agriculture in Developing Countries: Which Way Forward?, Trade-Related Agenda, Development and Equity (T.R.A.D.E.), https://focusweb.org/publications/2001/agriculture_which_way_forward.html.

[4] india.gov.in, (2017), Narodowy Portal Indii, Rolnictwo, https://www.india.gov.in/topics/agriculture.

[5] Statistics Times, (2014), Sector-wise contribution of GDP of India, Ministry of Statistics and Programme Implementation, Planning Commission, Government of India, http://statisticstimes.com/economy/sectorwise-gdpcontribution-of-india.php.

[6] Ashwani Chanana, (2016), Economic condition of farmers in India, International Journal of Commerce and Management Research, tom 2, wydanie 5 (2016), SSN: 2455-1627.

[7] FAO, (2017), The State of Food Security and Nutrition in the World 2017, Building resilience for peace and food security, FAO, IFAD, UNICEF, WFP i WHO, ISBN 978-92-5-109888-2.

[8] DoA, (2017), Departament Rolnictwa (obecnie nazwany jako DoA), Rząd Bihar, Dostępny przy http://krishi.bih.nic.in/.

[9] Niti Ayog, (2017), dokument par. 1.3, dostępny pod adresem niti.gov.in/writereaddata/files/Bihar.pdf.

[10] Instytuty, biura, (2017), dyrekcje i krajowe ośrodki badawcze, s. 64-68, dostępne pod adresem http://www.icar.org.in/files/KVK-Telephone-Directory.pdf.

[11] RKVY, (2011), Rashtriya Krishi Vikas Yojana (zwana RKVY), dostępna na stronie https://www.wikiwand.com/en/Rashtriya_Krishi_Vikas_Yojana.

[12] Uniwersytet Rolniczy Bihar, https://www.wikiwand.com/en/Bihar_Agricultural_University

[13] Światowa Fundacja Rozwoju, http://www.appropedia.org/World_Development_Foundation

[14] Światowa Fundacja Rozwoju, https://epo.wikitrans.net/World_Development_Foundation

[15] Birkhaeuser D., Evenson, R. E. & Feder G., (1991), "The economic impact of agricultural extension: A Review", Economic Development and Cultural Change 39(3), 607-640.

[16] Perraton H., (1982), "Środki masowego przekazu, edukacja podstawowa i rozwój rolnictwa", Development Economics Population & Human Resources no. DPH 8201. Waszyngton, DC: Bank Światowy. [Online]. Dostępne na stronie internetowej: http://documents.worldbank.org/curated/en/973161467988912273/Mass-media-basic-education-and-agricultural-extension, 2017.

[17] Kalla P. N., (2008), Visualizing the role of traditional and cyber extension in agricultural development in India, In Collaborative Technologies and Systems, 2008. CTS

2008. International Symposium, (s. 142-143). IEEE, maj 2008 r.

[18] ITUdata, (2017), indeks rozwoju ICT, http://www.itu.int/net4/ITU-D/idi/2017/index.html.

[19] Meeta Mathur i Sangeeta Sharma, "Strategiczne metamorfozy sektora ICT dla rozwoju społecznego w Indiach", International Journal of Information Communication Technologies and Human Development (IJICTHD) 1(4)

[20] Marco Ferroni, Yuan Zhou, "Achievements and Challenges in Agricultural Extension in India", Global Journal of Emerging Market Economy, 8 listopada 2012 r.

[21] Dhaka et. al., (2010), B. L. Dhaka i K. Chayal, Farmers' Experience with ICTs on Transfer of Technology in Changing Agri-rural Environment, Indian Res. J. Ext. Edu. 10 (3), wrzesień 2010 r.

[22] William F. Maloney, (2017), The Innovation Paradox: Developing-Country Capabilities and the Unrealized Promise of Technological Catch-Up: Projekt wydajności Banku Światowego, 3 października 2017 r.

[23] Agriculture Knowledge Dissemination System (named as ANDS), Seminarium wideo z dnia 22/07/11, dostępne na stronie https://www.youtube.com/watch?v=3n1lE19xa-I.

[24] Światowa Fundacja Rozwoju Wiki, http://world-development-foundation.wikia.com/wiki/Using_Mass_Media_and_ICT_for_Agriculture_Extension:_A_Case_Study

[25] CSC, (2012), Common Service Centers (CSC), [Online]. Dostępne na stronie https://www.wikiwand.com/en/Common_Service_Centres.

[26] Mpls And Vpn Architectures, Volume 2, Pearson Education India, 2008, ISBN813172591X , 9788131725917

[27] WDFINDIA, (2012), kanał WDFINDIA YouTube, [Online]. dostępny na stronie http://www.youtube.com/user/wdfindia/videos.

[28] Narzędzia programistyczne SQL Server, https://www.microsoft.com/en-in/sql-server/developer-tools

[29] Aprajita Srivastava, "Społeczno-ekonomiczna transformacja społeczności upośledzonych przez radio wspólnotowe naśladujące starożytną tradycję nauczania ustnego", Globalne czasopisma naukowe (GSJ PUBLISHER), ISSN:2320-9186, Tom.6, Wydanie 2, nr strony 233-248, luty 2018.

[30] Thomas Hathaway i Angela Hathaway, Data Flow Diagrams - simply put, Process Modeling Techniques for Requirements Elicitation and Workflow Analysis, ISBN-13: 978-1535110136

[31] Departament Meteorologiczny Indii, Ministerstwo Nauk o Ziemi, Rząd Indii, http://www.imd.gov.in/.

[32] NABARD (2017), [Online]. Dostępny pod adresem https://www.nabard.org/.

[33] AMI, (2017), Agriculture Marketing, [Online]. Dostępny pod adresem http:// agmarknet.gov.in.

[34] ASSFI, (2017), Rolnictwo: Subsydia, Nasiona, Nawozy i Kwestie Powiązane (ASSFI), [Online]. Dostępne pod adresem http://www.insightsonindia.com/2014/11/12/agriculture-subsidies-seeds-fertilizers-related-issues/.

[35] MySQL | Najpopularniejsza Open-Source'owa baza danych | Oracle, https://www.oracle.com/mysql/index.html

[36] ASER, (2017), Roczne sprawozdanie o stanie edukacji (na obszarach wiejskich)

2017,
http://img.asercentre.org/docs/Publications/ASER%20Reports/ASER%202017/aser2017fullreportfinal.pdf.

[37] World Development Report 2018, LEARNING to Realize Education's Promise, http://www.worldbank.org/en/publication/wdr2018.

[38] Aprajita Srivastava, "Video Cloud Based Agriculture Extension for Global Poverty Alleviation", International Journal of Creative Research Thoughts (IJCRT), ISSN:2320-2882, Volume.6, Issue 1, Page No pp.858 - 865, February 2018.

[39] Aprajita Srivastava, Somya Goel, Aayushi Tyagi i Rachna Jain, "Security Issues in Cloud Computing", International Journal for Research in Applied Science & Engineering Technology, Volume 5 Issue VIII, sierpień 2017, s. 544 - 547.

[40] Hashizume, Keiko, i inni. "Analiza problemów bezpieczeństwa w chmurze obliczeniowej." Journal of Internet Services and Applications 4.1 (2013): 5.

[41] Aprajita Srivastava, "Using mass media and ICT for agriculture extension: a case study", International Journal of Scientific & Engineering Research (IJSER),ISSN:2229-5518, Volume.9, Issue 2, Page No. 73-81, February 2018.

[42] india.gov.in, (2017), Narodowy Portal Indii, Rolnictwo, https://www.india.gov.in/topics/agriculture.

[43] Statistics Times, (2014), Sector-wise contribution of GDP of India, Ministry of Statistics and Programme Implementation, Planning Commission, Government of India, http://statisticstimes.com/economy/sectorwise-gdp-contribution-of-india.php.

[44] Newzoo's Global Mobile Market Report, kwiecień 2017, [Online]. Dostępny na stronie https://www.wikiwand.com/en/List_of_countries_by_smartphone_penetration, 2017 r.

[45] Sunkara *i in.*, "Responsive, adapttive and user personalized rendering on mobile browsers", International Conference on Advances in Computing, Communications and Informatics (ICACCI), 24-27 września 2014 r.

[46] SDG, (2015), Cele ONZ w zakresie zrównoważonego rozwoju, https://sustainabledevelopment.un.org/.Sowmya

# Dodatek 1

## Zasoby dla akustyki studyjnej (EMPC) proofingu dźwiękowego


1. Jinkyo, Lee i G. W. Swenson, Jr. "Compact Sound-Absorbing Structures for Low Frequencies", "Proceedings of the 1991 National Conference on Noise Control Engineering", D. A. Quinlan i M. G. Prasad, Eds. (Fundacja Kontroli Hałasu, Nowy Jork, NY, 1991)

2. "Głośność, jej definicja Pomiar i obliczenie", J. Acoust. Soc. Am., tom 5, str. 82, październik 1933 r.

3. Acustica, Vol. 14, str. 33, Rys. 14, 1964.

4. Gizzy, Vin, "Acoustic Design, Noise Control," Recording Engineer/Producent, sierpień, 1988

5. Cohen, Elizabeth A. i Fielder, Louis D., "Determining Noise Criteria for Recording Environments", Journal of the Audio Engineering Society, Volume 40, No.5, pp. 384-401 (1992 May).

6. Retinger, Michael, "Handbook of Architectural Acoustics and Noise Control", (TAB Books, Blue Ridge Summit, PA, 1988.

7. Yosuke Yasuda, Shinichi Sakamoto, Ayumi Ushiyama i Hideki Tachibana, Charakterystyka pogłosu w pomieszczeniu z nierównomiernie rozmieszczonymi absorberami: Analiza numeryczna, Akustyka. Sci. & Tech. 26, 4 (2005)


### Dodatkowy pożyteczny odczyt


1. Archit. Akustyka. Kontrola hałasu, nr 25/jan. , p. 5 (1979)

2. Archit. Akustyka. Noise Control, No. 49/mar., str. 9 (1985)

3. A. Ushiyama, Y. Yasuda, S. Sakamoto i H. Tachibana, "Charakterystyka pogłosu w pomieszczeniu z nierównomiernie rozłożonymi absorberami: badanie modelowania w skali" Proc. Spotkanie jesienne. Akustyka. Soc. Jpn., s. 961-962 (2004).

4. T. Sakuma i Y. Yasuda, "Fast multipole boundary element method for large-scale steady-state sound field analysis. Part I: setup and validation," Acta Acustica - Acustica, 88, 513-525 (2002).

5. L. Cremer i H. Muller ( trans Schultz ). Principles and Applications of Room Acoustics (Vol 1.) Applied Science 1982.

6. Akustyka architektoniczna, Bruel i Kjaer, 1978.

7. Guide to Acoustic Practice (2nd Edition). British Broadcasting Corporation. 1990.

8. H. Kuttruff, Room Acoustics (2nd Edition) Applied Science.

9. M. Barron, Subiektywne badanie brytyjskich sal koncertowych. Proc IOA Vol. 7 Part 1 1985 s. 43-46.

10.R. Hawkes i H. Douglas, Subjective Acoustic Experience in Concert Auditoria Acustica, 24, 1971, str. 235-250.

11.N. Edwards (Artec Consultants inc. N.Y) Design Methods in Auditorium Acoustics, Proc IOA Vol. 7 Part 1 1985, str. 73-79.

12.L.Beranek, Jak oni brzmią: Koncert i Opera Halls; Acoustic Society of America, 1996.

13.E. Rathe, Note on Two Common Problems of Sound Propagation, Journal Sound and Vibration 10(3), str. 472-479, 1969.

14.G. Porges. Applied Acoustics, Edward Arnold, 1977.

15.Fry et al., Noise Control in Building Services, Pergammon Press, 1988.

16.W. Utley i J. Sargent, Noise Reduction of Dwellings against Traffic Noise, Proc.IOA,. Vol. 8, Part 4,1986, str. 143-150.

17.R. Craik, The Application of Statistical Energy Theory to Sound transmission through Buildings, IP3, BEPAC Information Papers, 1995 ( adres BEPAC: 16 Nursery Gardens, Purley on Thames, Reading, RG8 8AS, UK).

18.Parkin, Humphries and Cowell, Acoustics, Noise and Buildings, 4th ed. 1979, Faber ISBN 0- 571- 04953- 2.

19.Sound Control for Homes BRE and CIRIA 1993 ISBN 0-85125-559-0 M, Wilson A, Review of Acoustic Problems in Passive Solar Design, Proc IOA Vol. 14 Part4 (1992), (Euronoise 92) ISBN 1- 873082

# Dodatek 2

## Wykaz głównego wyposażenia

| Ref. | Model nr | Opis | QTY |
|---|---|---|---|
| A | | | |
| 1.1 | **Kamera** | SYSTEM KAMERA Z (zasilacz sieciowy AC-L100 (x 1), kompozytowy kabel połączeniowy A/V (x 1), osłona obiektywu z osłoną obiektywu (x 1), duża kieszeń na oczy (x 1), bezprzewodowy pilot zdalnego sterowania RMT-831 (x 1), bateria litowa (CR2025) (x 1), instrukcja obsługi (CD-ROM) (x 1), DVC/DV(SP )PAL Nagrywanie i odtwarzanie, współczynnik powiększenia lancy 3CCD - lanca Sony G 20*optyczna średnica filtra 72mm, sekcja Camra -Imaging Devise re chip+ MiniD, wejście audio xlr 3pin, wyjście kompozytowe RCA Tap przez złącze AV Multi, S Video Output | 3 |
| 1.2 | **Mike** | Pistolet Mike | 3 |
| 1.3 | **Lapel** | Skraplacz elektretowy Mikrofon (Lapel) | 3 |
| 1.4 | **Bateria Lampka wideo** | | 3 |
| 1.5 | **Skrzynia ładunkowa Soft Carrying Case** | | 3 |
| 1.6 | **Tripod** | | 3 |
| 1.7 | **Jib** | Wysięgnik Jimmy'ego kompatybilny z kamerą, Przeciąganie do podnoszenia i obracania | 1 |
| **2** | | | |
| 2.1 | **Switcher** | Przełącznik produkcji | 1 |
| | **Odezwij się** | System rozmów telefonicznych | 1 |
| | | Zestaw słuchawkowy | 3 |
| | **Monitory** | Profesjonalny (14"-1 nr) LCD 17"- 4 nr) | 5 |
| 2.2 | **Prompter** | Promptery serii Professional 15" - HARDWARE (zawiera kąt widzenia 80/80 (R/L) 80/60/(U/l), standardową płytę montażową i 15" monitor TFT) z | 1 |

| | | | |
|---|---|---|---|
| | | komputerem PC i 17" monitorem LCD z boku studia Pulpit wraz z oprogramowaniem | |
| 2.3 | PC | System list odtwarzania Intel Core i7, 2,8 GHz, 6 GB pamięci RAM, 1 TB System75, napęd 120 GB, DVD, klawiatura, 3 Button Mouse, karta graficzna Nvidia Graphic Card 512 MB, karta dźwiękowa THX Pro Studio, 10/100/1000 MBPS Fast Gigabit Ethernet, stacja robocza Windows 7 z oprogramowaniem | 1 |
| 2.4 | **DSR** | Rejestrator i odtwarzacz DV CAM z bezprzewodowym pilotem, nagrywanie i odtwarzanie w formacie DV, interfejs i-link, analogowy interfejs wideo/audio, interfejs RS 422 A i Rs 232 C, kod czasowy, wejście wideo - kompozytowe, komponentowe i S wideo, wyjście wideo - kompozytowe, komponentowe i s wideo z pilotem zdalnego sterowania | 1 |
| 2.5 | | Głośnik dwukierunkowego monitora aktywnego | 2 |

| B | | | |
|---|---|---|---|
| | Model | Opis | Qty |
| 1 | **Kamera OB** | SYSTEM KAMERALNY jak w A 1.1 | 2 |
| 2 | **Mike** | Pistolet Mike | 2 |
| 2.1 | **Lapel** | Skraplacz elektretowy Mikrofon (Lapel) | 2 |
| 2.2 | | Bateria Lampka wideo | 2 |
| 2.3 | | **Skrzynia ładunkowa Soft Carrying Case** | 2 |
| | **Tripod** | Tripod | 2 |
| 3.0 | | Wideo Światło | 2 |
| | | Soczewki szerokokątne | |

| C | | | |
|---|---|---|---|
| | System | **Szczegółowy opis edycji i postprodukcji** | Qty |
| 1.1 | System FCP Apple Mac Pro | Apple Mac Pro 2,66 GHz Quard Core Intel Xeon /3 GB Memory /1 TB pamięci masowej / karta graficzna GForce GT-122 SD z 17" monitorem LCD (Dual) , karta Black Magic Declink z oprogramowaniem Final Cut Studio do jednorazowego użytku | 1 |
| 1.2 | I Mac | 27" I Mac Core 2 Duo 3.6 GHz, 4 GB pamięci, dysk twardy 500 GB, grafika NVIDIA G4 94000 M, 256 MB SDRAM z oprogramowaniem FCP jako abobe | 3 |
| | | | |
| 2.1 | Mikser audio | | 1 |
| 2.2 | | Dynamic Cardioid Pattern Mikrofon | 4 |
| 2.3 | | Głośnik dwukierunkowego monitora aktywnego | 1 para |
| 3.0 | | Rejestrator i odtwarzacz DV CAM z bezprzewodowym pilotem, nagrywanie i odtwarzanie w formacie DV, interfejs i-link, analogowy interfejs wideo/audio, interfejs RS 422 A i Rs 232 C, kod czasowy, wideo inpur-composite, component i S video, video output composite, component i s video z pilotem zdalnego sterowania | 1 |
| 4.0 | | Procesor Intel Core i7, 2,8 GHz, 6 GB pamięci RAM, napęd systemowy 1 TB, napęd 120 GB, DVD, klawiatura, 3-przyciskowa mysz, karta graficzna Nvidia Graphic Card 512 MB, karta dźwiękowa THX Pro Studio, 10/100/1000 | 2 |

| | | | |
|---|---|---|---|
| | | MBPS Fast Gigabit Ethernet, stacja robocza Windows 7 z podwójnym monitorem CRT dla grafiki. | |
| 4.1 | | 17" monitor TFT | 2 |
| 4.2 | 3D Max | Autodesk 3DS Max | 1 |
| 4.3 | Adobe | Pakiet Adobe Creative Photo Suite w pakiecie z programami Adobe Photoshop, Premiere, Illustrator, In-design, Golive, Stock photos, Acrobat | 1 |
| | | | |

**D**

| | System | Szczegółowy opis | |
|---|---|---|---|
| | | | |
| | | | |
| 2.1 | Serwer Dla Centrum danych | 3 web + 2 serwery baz danych<br>**Wysokowydajny 4-kieszeniowy serwer rackowy 4U -**<br>*R910 Chassis na maksymalnie 16 2,5-calowych dysków twardych -*<br>*2 x Intel Xeon E7520 1,86 GHz, 18M pamięci podręcznej, 4,80 GT/s QPI, Turbo, HT, 4C, 800MHz Max mem -*<br>*32GB pamięci (8x4GB), 1066MHz, Dual Ranked RDIMM dla 2 procesorów*<br>Redundantne rozwiązanie mieszane z konfiguracją RAID 6 | 5 |
| 2.2 | Współpracownicy komputerowi Dla Centrum danych | Nginx do wdrożenia bardzo skutecznego równoważenia obciążenia<br>firewalle, ips/ids, baza danych, oprogramowanie aplikacyjne itp. | 1 Zestaw |
| 2.3 | Dyspozytornia | PC i monitory określone w pkt 4.0 i 4.1 w pozycji "Edycja/głosowanie i system graficzny". | 2 Zestawy |

# Dodatek 3

Przykładowy kod dla strony internetowej (Paddy-Video) w **Devanagari** (Hindi) z wykorzystaniem kodów **jednostek** Unicode

| **Kod dla (Fasal-Dhan-Video)** |
|---|

```
<! DOCTYPE HTML PUBLIKA "-//W3C//DTD HTML 4.01 Transitional//EN"
 "http://www.w3c.org/TR/1999/REC-html401-19991224/loose.dtd">
< HTML lang=hi xml:lang="hi" xmlns="http://www.w3.org/1999/xhtml">< HEAD><
 TITLE> &#2325;&#2371;&#2359;&#2367;</TITLE>
< Content META="text/html; charset=iso-8859-1" http-equiv=Content-Type>< LINK
rel=stylesheet type=text/css
href="http://www.kisangyan.com/css/krishi.css">< LINK rel=stylesheet
type=text/css href="http://www.kisangyan.com/css/header.css">< LINK
rel=stylesheet type=text/css href="http://www.kisangyan.com/css/style.css"
media=screen>
< SCRIPT type=text/javascript
src="http://www.kisangyan.com/js/jquery-1.6.2.min.js"></SCRIPT>

< SCRIPT type=text/javascript
src="http://www.kisangyan.com/js/jquery.cycle.all.min.js"></SCRIPT>

< SCRIPT type=text/javascript
src="http://www.kisangyan.com/js/jquery.init.js"></SCRIPT>

< Nazwa META=TREŚĆ GENERATORA="MSHTML 8.00.6001.18928"></HEAD>
< BODY>
< DIV id=main>
< Klasa DIV=zawartość>
< Klasa DIV=logo1>
<DIV class=logo align=left>< A href="http://www.kisangyan.com/#">< A
href="http://www.kisangyan.com/#">< IMG border=0
src="http://www.kisangyan.com/images/logo.png"></A></DIV>
</div>

< div class="navigation">
< div class="global_nav_holder">
 < div class="global_nav">
 < ul>
```

```
<LI class=lt_corner>< A href="http://www.kisangyan.com/index.html">
&#2346;&#2361;&#2354;&#2366; &#2346;&#2344;&#2381;&#2344;&#2366;<!--
[if gte IE 7]> <!--> </A> <!--<![endif]--><!--[jeśli lte IE 6]><table><
tr><td><![endif]--><!-- poziom 1 --><!--[jeśli lte IE
6]></td></tr></table></a><![endif]--> </LI>


< LI>< A class=select_nav href="http://www.kisangyan.com/#">< SPAN
id=6_TRN_6> &#2325;&#2371;&#2359;&#2367;
&#2357;&#2368;&#2337;&#2367;&#2351;&#2379;</SPAN> <!--[if gte IE 7]> <!--
> </A> <!--<![endif]--><!--[if lte IE 6]><table>< tr><td><![endif]-->
< DIV
style="PADDING-LEFT: 5px; WIDTH: 150px; HEIGHT: auto; MARGIN-LEFT: -
233px; FONT-WEIGHT: bold"
id=about class=level1>
< DIV>
< UL>
<LI class=wheat>< SPAN>< A
href="http://www.kisangyan.com/crop.html">
&#2347;&#2360;&#2354;</A></SPAN></LI>
<LI class=wheat>< SPAN>< A href="http://www.kisangyan.com/#">
&#2348;&#2366;&#2327;&#2348;&#2366;&#2344;&#2368;
</A></SPAN></LI>
<LI class=wheat>< SPAN>< A
href="http://www.kisangyan.com/#">
&#2360;&#2367;&#2330;&#2366;&#2312;</A></SPAN></LI>
<LI class=wheat>< SPAN>< A
href="http://www.kisangyan.com/#">
&#2350;&#2371;&#2342;&#2366;</A></SPAN></LI>
<LI class=wheat>< SPAN>< A
href="http://www.kisangyan.com/#">
&#2346;&#2358;&#2369;&#2346;&#2366;&#2354;&#2344;</A></SPAN></LI>
<LI class=wheat>< SPAN id=result_box2 lang=hi xml:lang="hi">< A
href="http://www.kisangyan.com/#">
&#2350;&#2340;&#2381;&#2360;&#2381;&#2351;&#2346;&#2366;&#2354;&#23
44;
&#2319;&#2357;&#2306;&#2349;&#2339;&#2381;&#2337;&#2366;&#2352;&#23
39;</A></SPAN></LI>
<LI class=wheat>< SPAN>< A href="http://www.kisangyan.com/#"> &#2325;&
#2371;&#2359;&#2367;
&#2313;& #2343;&#2350;</A></SPAN></LI>
<LI class=wheat>< SPAN>< A href="http://www.kisangyan.com/#">
&#2351;&#2379;&#2332;&#2344;&#2366;&#2319;&#2306;
```

```
&#2346;&#2381;&#2352;&#2360;&#2306;&#2360;&#2381;&#2325;&#2352;&#23
39;</A></SPAN></LI>
<LI class=wheat>< SPAN>< A href="http://www.kisangyan.com/#"> &#2309;&
#2344;&#2381;&#2351;
</A></SPAN></LI></UL> <!-- col 1 --> </DIV> <!-- col 3 --> </DIV> <!-- level1 --
><!--[if lte IE 6]></td></tr></table></a><![endif]--> </LI>


< LI>< A class=select_nav href="http://www.kisangyan.com/#">< SPAN
id=6_TRN_6> &#2325;&#2371;&#2359;&#2367;
&#2321;&#2337;&#2367;&#2351;&#2379;</SPAN> <!--[if gte IE 7]> <!--> </A>
<!--<![endif]--><!--[if lte IE 6]><table>< tr><td><![endif]-->
< DIV
style="PADDING-LEFT: 5px; WIDTH: 150px; HEIGHT: auto; MARGIN-LEFT: -
133px; FONT-WEIGHT: bold"
id=about class=level1>
< DIV>
< UL>
<LI class=wheat>< SPAN>< A
href="http://www.kisangyan.com/crop1.html">
&#2347;&#2360;&#2354;</A></SPAN></LI>
<LI class=wheat>< SPAN>< A href="http://www.kisangyan.com/#">
&#2348;&#2366;&#2327;&#2348;&#2366;&#2344;&#2368;
</A></SPAN></LI>
<LI class=wheat>< SPAN>< A
href="http://www.kisangyan.com/#">
&#2360;&#2367;&#2330;&#2366;&#2312;</A></SPAN></LI>
<LI class=wheat>< SPAN>< A
href="http://www.kisangyan.com/#">
&#2350;&#2371;&#2342;&#2366;</A></SPAN></LI>
<LI class=wheat>< SPAN>< A
href="http://www.kisangyan.com/#">
&#2346;&#2358;&#2369;&#2346;&#2366;&#2354;&#2344;</A></SPAN></LI>
<LI class=wheat>< SPAN id=result_box2 lang=hi xml:lang="hi">< A
href="http://www.kisangyan.com/#">
&#2350;&#2340;&#2381;&#2360;&#2381;&#2351;&#2346;&#2366;&#2354;&#23
44;
&#2319;&#2357;&#2306;&#2349;&#2339;&#2381;&#2337;&#2366;&#2352;&#23
39;</A></SPAN></LI>
<LI class=wheat>< SPAN>< A href="http://www.kisangyan.com/#"> &#2325;&
#2371;&#2359;&#2367;
&#2313;& #2343;&#2350;</A></SPAN></LI>
<LI class=wheat>< SPAN>< A href="http://www.kisangyan.com/#">
&#2351;&#2379;&#2332;&#2344;&#2366;&#2319;&#2306;
```

```
&#2346;&#2381;&#2352;&#2360;&#2306;&#2360;&#2381;&#2325;&#2352;&#23
39;</A></SPAN></LI>
<LI class=wheat>< SPAN>< A href="http://www.kisangyan.com/#"> &#2309;&
#2344;&#2381;&#2351;
</A></SPAN></LI></UL> <!-- col 1 --> </DIV> <!-- col 3 --> </DIV> <!-- level1 --
><!--[if lte IE 6]></td></tr></table></a><![endif]--> </LI>


< LI>< A class=select_nav
href="http://www.imd.gov.in/section/nhac/distforecast/biharct.htm" target=_blank><
SPAN
id=6_TRN_6> &#2350;&#2380;&#2360;&#2350;</SPAN> <!--[if gte IE 7]> <!-->
</A> <!--<![endif]--><!--[if lte IE 6]><table>< tr><td><![endif]--><!-- poziom 1 --
><!--[if lte IE 6]></td></tr></table></a><![endif]-->
</LI>
```

```
< LI>< A class=select_nav href="http://www.kisangyan.com/advice.html">< SPAN
id=6_TRN_6>
&#2357;&#2367;&#2358;&#2375;&#2359;&#2332;&#2381;&#2334;&#2379;&#23
06;&#2325;&#2368;&#2352;&#2366;&#2351;&#2351;</SPAN> <!--[if gte IE
7]><!--> </A> <!--<![endif]--><!--[if lte IE 6]><table>< tr><td><![endif]--><!--
poziom 1 --><!--[jeśli lte IE 6]></td></tr></table></a><![endif]-->
</LI>



< LI>< A class=select_nav href="http://www.kisangyan.com/news.html">< SPAN
id=result_box
lang=hi xml:lang="hi">< SPAN
title="Click for alternate translations">
&#2360;&#2369;&#2352;&#2381;&#2326;&#2367;&#2351;&#2379;&#2306;
&#2350;&#2375;&#2306;</SPAN></SPAN> <!--[if gte IE 7]>
<!--> </A> <!--<![endif]--><!--[if lte IE 6]><table>< tr><td><![endif]--><!-- poziom
1 --><!--[jeśli lte IE 6]></td></tr></table></a><![endif]-->
</LI>


< LI>< A class=select_nav href="http://www.kisangyan.com/photo.html">< SPAN>
&#2347;&#2379;&#2335;&#2379;</SPAN>
<Tytuł SPAN="Click for alternate translations"> &#2327;&
#2376;&#2354;&#2352;&#2368;</SPAN></SPAN></A>
</LI>
```

```
< Klasa DIV=zgłaszanie1 >

< form method="get" action="http://www.google.com/search">

< typ wejścia="tekst"   name="q" size="15"
maxlength="255" value=" />
< typ wejścia="submit" value="Search" />


</form></DIV>


</ul>
</div></div>

</div>
< div class="slide_main">< div id="header">< div class="">
< div id="slide-holder">
< div id="slide-runner">
< img src="images/img3.jpg" alt="" width="863" class="slide" id="slide-img-5"
style="left: 0px; display: inline;" />
< img style="left: -4000px; display: inline;" id="slide-img-1" src="images/img1.jpg"
class="slide" alt=" />
< img style="left: -3000px; display: inline;" id="slide-img-2" src="images/img5.jpg"
class="slide" alt=" />
< img style="left: -2000px; display: inline;" id="slide-img-3" src="images/img2.jpg"
class="slide" alt="">
< img style="left: -1000px; display: inline;" id="slide-img-4" src="images/img7.jpg"
class="slide" alt="">
< img style="left: 1000px; display: inline;" id="slide-img-6" src="images/img4.jpg"
class="slide" alt="">
< img style="left: 2000px; display: inline;" id="slide-img-7" src="images/img6.jpg"
class="slide" alt="">

</div>
< div style="display: block; z-index:999" id="slide-controls">

< p id="slide-nav"></p>
</div>
<!--content wyróżniona galeria tutaj -->
</div>

</div></div></div>
```

```
< div class="crop_middle1">
< div class="crop_box">
< div class="ctop_top">
< div class="welcome"> &#2343;& #2366;&#2344;</div></div>
< div class="ctop_middle">
<"div class="crop2">< img src="images/rice_crop.jpg" class="imgbr" /></div>
< div class="crop2_text">
< h2> &#2343;&#2366;&#2344; &#2325;&#2368;
&#2326;&#2375;&#2340;&#2368; &#2325;&#2375; &#2354;&#2367;&#2320;
&#2326;&#2375;&#2340; &#2325;&#2368;
&#2340;&#2376;&#2351;&#2366;&#2352;&#2368; </h2>
< H2>
&#2343;&#2366;&#2344;&#2325;&#2368;&#2325;&#2367;&#2360;&#2381;&#23
50;&#2379;&#2325;&#2366;&#2330;&#2351;&#2344;&#2344; </h2>
< h2> &#2343;&#2366;&#2344; &#2325;&#2366;
&#2344;&#2352;&#2381;&#2360;&#2352;&#2368;
&#2340;&#2376;&#2351;&#2366;&#2352;&#2368;
&#2325;&#2352;&#2344;&#2366; </h2>
< h2> &#2310;&#2343;&#2369;&#2344;&#2367;&#2325;
&#2340;&#2325;&#2344;&#2368;&#2325;&#2368; &#2360;&#2375;
&#2313;&#2327;&#2366;&#2320; &#2343;&#2366;&#2344; &#2325;&#2368;
&#2344;&#2352;&#2381;&#2360;&#2352;&#2368; </h2>
< h2> &#2343;&#2366;&#2344; &#2350;&#2375;
&#2313;&#2352;&#2381;&#2357;&#2352;&#2325;&#2379; &#2325;&#2366;
&#2360;&#2306;&#2340;&#2369;&#2354;&#2344;
&#2346;&#2381;&#2352;&#2351;&#2379;&#2327; </h2>
< H2>
&#2343;&#2366;&#2344;&#2350;&#2375;&#2332;&#2354;&#2346;&#2381;&#23
52;&#2348;&#2306;&#2343;&#2344;&#261
< h2> &#2343;&#2366;&#2344; &#2350;&#2375; &#2326;&#2352;-
&#2346;&#2340;&#2357;&#2366;&#2352;
&#2344;&#2367;&#2351;&#2306;&#2340;&#2381;&#2352;&#2339; </h2>
< h2> &#2343;&#2366;&#2344; &#2350;&#2375;
&#2354;&#2327;&#2366;&#2344;&#2375; &#2357;&#2366;&#2354;&#2375;
&#2346;&#2381;&#2352;&#2350;&#2369;&#2326;
&#2325;&#2368;&#2335;</h2>

</div>
< div class="next"> &#2346;&#2375;&#2332; -< a href="#"> &#2407;</a> < a
href="#"> &#2408;</a> < a href="#"> &#2409;</a> & nbsp; < a href="#">
&#2410;</a> < a href="#"> &#2411;</a> < a href="#"> &#2412;</a> </div>
</div>
< div class="ctop_bot">< img src="images/crop_bottom.jpg"></div>
</div>
< div class="crop_right">
```

```
< div class="vedio">< iframe width="333" height="330"
 src="http://www.youtube.com/embed/YAUqxhgbp34" frameborder="0"
 allowfullscreen></iframe></div>
< div class="crop_vedio">< div class="vedio_text3">< h1> &#2357;&
 #2352;&#2381;&#2339;&#2344;</h1>
 &#2343;&#2366;&#2344; &#2348;&#2367;&#2361;&#2366;&#2352;
 &#2325;&#2366; &#2319;&#2325;
 &#2346;&#2381;&#2352;&#2350;&#2369;&#2326; &#2347;&#2360;&#2354;
 &#2361;&#2376; , &#2325;&#2312;
 &#2325;&#2367;&#2360;&#2381;&#2350;&#2379; &#2350;&#2375;
 &#2313;&#2346;&#2332;&#2366;&#2351;&#2366;
 &#2332;&#2366;&#2344;&#2375; &#2357;&#2366;&#2354;&#2366;
 &#2351;&#2361; &#2347;&#2360;&#2354; &#2325;&#2368;
 &#2348;&#2369;&#2348;&#2366  ;&#2312;
 &#2346;&#2381;&#2352;&#2366;&#2351;:: &#2332;&#2370;&#2344;
 &#2350;&#2375; &#2358;&#2369;&#2352;&#2370; &#2361;&#2379;
 &#2332;&#2366;&#2340;&#2368; &#2361;&#2376; ,
 &#2358;&#2381;&#2352;&#2368; &#2357;&#2367;&#2343;&#2367;
 &#2311;&#2360;&#2325;&#2368;
 &#2313;&#2344;&#2381;&#2344;&#2340;&#2340;&#2325;&#2344;&#2368;&#23
 25;&#2361;&#2376;<br />
< H1>
 &#2360;&#2350;&#2381;&#2348;&#2306;&#2343;&#2367;&#2340;&#2357;&#23
 68;&#2337;&#2367;&#2351;&#2379;&#261
&#2407;. &#2343;&#2366;&#2344;
 &#2350;&#2375;&#2325;&#2368;&#2337;&#2364;&#2366;&&#2366;& <br />
&#2408;. &#2358;&#2381;&#2352;&#2368; &#2357;&#2367;&#2343;&#2367;
 &#2360;&#2375;
 &#2343;&#2366;&#2344;&#2325;&#2368;&#2326;&#2375;&#2340;&#2368; <br
 />
&#22409;. &#2343;&#2366;&#2344; &#2350;&#2375;
 &#2326;&#2376;&#2352;&#2366; &#2352;&#2379;&#2327;&&#261; <br />
&#242410; &#2343;&#2366;&#2344; &#2350;&#2375; &#2332;&#2354;
 &#2346;&#2381;&#2352;&#2348;&#2306;&#2343;&#2344; <br />
&#242411; &#2343;&#2366;&#2344; &#2350;&#2375; &#2312; &#2346;&#2368;
 &#2319;&#2350;&#2381; </div></div>
</div>
</div>
<!--<div id="middle3">
<div class="search_website"><a href="#">< img src="images/search_website.jpg"
 border="0"></a></div>
<div class="apana_website"><a href="#">&#2309;&#2346;&#2344;&#2366;
 &#2344;&#2332;&#2342;&#2368;&#2325;&#2368; <br />

 <&#2325;&#2371;&#2359;&#2367;&#2357;&#2367;&#2332;&#2381;&#2334;&#&#2
```

```
366;#2344;&#2306;&#2325;&#2375;&#2344;&#2381;&#2342;&#2381;&#2352;</s
trong>< br />
&#2326;& #2379;&#2332;&#2375; </a></div>
<form>
<div class="search_form">
<div class="search_form1">&#2309;&#2344;&#2369;&#2352;&#2379;&#2343;
&#2347;&#2377;&#2352;&#2381;&#2350;</div>
<div class="search_form2">&#2344;& #2366;&#2350;;:</div>
<div class="search_form3"><input type="text" style="width:143px;
height:17px;"></div>
<div class="search_form2">&#2312; &#2350;& #2375;&#2354;;:</div>
<div class="search_form3"><input type="text" style="width:143px;
height:16px;"></div>
<div class="search_form2">&#2360;& #2306;&#2342;&#2375;&#2358;;:</div>
<div class="search_form4">< textarea name="''" cols="''" rows=""
style="width:143px; height:28px;"></textarea></div>
<div class="search_form2"></div>
<div class="search_form3"><input type="image" name="submit"
src="images/submit.png"></div>


</div>
</form>
</div>-->


<DIV class=krishi_footer>< A href="http://www.kisangyan.com/index.html">
&#2346;&#2361;&#2354;&#2366; &#2346;&#2344;&#2381;&#2344;&#2366;</A>
& nbsp; |& nbsp; < A href="http://www.kisangyan.com/about.html">
&#2361;&#2350;&#2366;&#2352;&#2375; &#2348;&#2366;&#2352;&#2375;
&#2350;&#2375;</A> & nbsp; |& nbsp; < A
href="http://www.kisangyan.com/services.html">
&#2360;&#2375;&#2357;&#2366;&#2319;&#2305;</A>   |  < A
href="http://www.kisangyan.com/archive.html">
&#2310;&#2354;&#2375;&#2326;&#2366;&#2327;&#2366&#2352; </A> & nbsp;
|& nbsp; |& nbsp;

< A href="http://www.kisangyan.com/registration.html">
&#2346;&#2306;&#2332;&#2368;&#2325;&#2352;&#2339;</A>   | 

< A href="http://www.kisangyan.com/contact.html">
&#2361;&#2350;&#2360;&#2375;&#2360;&#2306;&#2346;&#2352;&#2381;&#23
25;&#2352;&#2375;&#2306;</A></DIV>
< Klasa DIV=krishi_footer align=right> Copyright © 2011 WDF dla projektu ANDS<
BR>< A
```

href="http://wdfindia.org/" target=_blank> Web Development by World Development Foundation (New Delhi)< /A></DIV></DIV></DIV></BODY></HTML>

# O autorze

Aprajita Srivastava jest dyrektorem Światowej Fundacji Rozwoju w New Delhi. Realizuje lokalne i zamorskie partnerstwa, porozumienia, protokoły ustaleń oraz nadzoruje realizację dużych projektów. Była zaangażowana w realizację projektu mającego na celu wzmocnienie pozycji ubogich i zmarginalizowanych rolników poprzez edukowanie ich w zakresie stosowania technologii zwiększających wydajność ich produktów, w ramach projektu "Agriculture Knowledge Dissemination System". Realizowała projekt MCIT, sponsorowany przez gubernatora Etiopii, polegający na utworzeniu w 2015 r. siedmiu radiostacji w różnych częściach Etiopii w celu społeczno-gospodarczego rozwoju mas na odległych obszarach. Interesuje się wykorzystaniem ICT i środków masowego przekazu w celu zapewnienia obywatelom możliwości wyrażania siebie w sposób społeczny, kulturalny, polityczny i duchowy, przygotowując w ten sposób każdego członka społeczności do udziału w podejmowaniu decyzji. Opublikowała kilka prac badawczych na temat wykorzystania technologii do podnoszenia świadomości społecznej w przywoływanych czasopismach, a także napisała książkę. Redaguje Everipedia, FANDOM powered by Wikia, oraz Wikipedię.

Printed by Books on Demand GmbH, Norderstedt / Germany